世界史からみた
プラットフォーム
資本主義

Hirano Yasuro
平野泰朗

藤原書店

はじめに

インターネットが普及し、われわれの日常生活は大いに変わった。情報を収集するのに、まずは検索エンジンで調べてみる。あるいは動画投稿サイトを開いてみる。買い物は、EC（電子商取引）で行う。SNSに投稿したり、閲覧したりもする。これらのサイトは、プラットフォームとよばれる。プラットフォームは、すでにわれわれの身近にある。では、なぜ、プラットフォームと言われるのか？　手元の英英辞典では「プラットフォームとは、周りより高くなった水平面」とあり、例示として、講堂の演台や鉄道の駅が挙げられている。駅のプラットフォームは、われわれにもなじみのある用法なので、これを手掛かりにプラットフォームとは何かを少し考えてみる。では、駅を利用することとECでの買い物を対比してみよう。

例えば、ECサイトで本を買うとしよう。仮に買う本は決めてあるとする。ECサイト上では当該書籍の概要の他に関連本が表示される。ついでに本を収納する本棚も調べてみる。やはり商品リストが写真付きで紹介される。別の人は、同じプラットフォームで別の本を探す。多くの人たちが、こうして特定のプラットフォームを利用する。対して、駅のプラットフォームでは様々な目的地を持った人たちが、電車を待っている。同じ電車に乗っても、降りる駅は同じではない。乗換駅では、さらに行き先は多様になる。この二種類の行動には類似性がみられる。鉄道での目的地は購入予定本に対応し、同じ路線上の駅は関連本に対応する。乗換駅は本棚を探す行為に対応する。双方のプラットフォームとも、個人別のニーズを満たすため、特定の場所を提供している点が共通している。つまり、プラットフォームとは、多様なニーズを抱えた多数の人が、自分の目的物を見つけたり目的地に到達するための場所なのである。本論で詳しく展開するが、多様なニーズを満たす場所（＝プラットフォーム）こそが、やがて、経済に大きな変革をもたらすことになる。

さて、様々なプラットフォームが利用されるにつれ、それに必要な有形無形の設備やシステムを提供する企業の存在も大きくなる。彼らの隆盛を機に、経済面でも時代が大きく変わった。

マクロ面では、アメリカの経済成長はその速度を低下しつつも継続したのに対して、一九八〇年代に世界を席巻した日本の成長率は大幅に鈍化し、その国際収支構造も変わった。すなわち貿易収支は赤字がちになったが、海外直接投資による所得収支の黒字がそれを補填した。近年ではそれにデジタル赤字が加わり（①著作権等使用料②通信・コンピューター・情報サービス③専門・経営コンサルティングサービスの合計）、国際分業の構図が変わってきた。ミクロ面では、日本のモノづくり企業の時価総額ランキングの相対的低下が著しい（トヨタがテスラに抜かれる）のに対して、米国の新興プラットフォーマー（ＧＡＦＡＭ＝Google, Apple, Facebook, Amazon, Microsoft）の時価総額は飛躍的に増大した。こうしたプラットフォーム・ビジネスが経済的支配力を増した経済を、さしあたりプラットフォーム資本主義とよぼう。

のちに詳しく見るが、これには二類型があるとされる。米国型（超国籍的プラットフォーム資本主義）と中国型（国家資本主義）である（Boyer 2020）。この違いは、国家がプラットフォーマーの情報管理に介入する方式による。そして、この違いがその国特有の監視体制を作り出す。しかし、監視を受ける人々の反応も同じではない。例えば、梶谷・高口（2019）によれば、中国における監視カメラの作動は、必ずしも忌み嫌われているわけではない。誘拐事件が起きれば犯人逮捕を迅速に進められるし、交通違反者への暗黙の圧力ともなるという肯定的評価もなされる。こうした対応は、国家体制によるよりも社会の規範形成の違いによると考えられる。梶谷らは、これを西洋において形成された市民社会の不在から出発して違いを解明しようとする。

こうして、現に起こっている変化の分析から思いもよらず、中国と欧米、広くは東洋と西洋との比較にたどり着く。この両者の比較は、かつて飯塚浩二（1963, 1964, 1971）などが展開していたように、両者の歴史への考察を抜きには行いえないだろう。

そこで本書では、二つの歴史の対比、西洋史と東洋史の対比を行いながらプラットフォーム資本主義二類型の特質を明らかにしていく。と同時に、プラットフォームが公共分野にも形成されうることをも論じていく。このように問題圏を広げると議論が大括りになるのは避けられないことであろうが、今は、より広い視角からプラットフォーム資本主義を分析し、その未来を展望することが必要と思われる。

本書の構成は、以下のとおりである。まず第1章で、プラットフォームの基本的特質を分析する。その上で、第2章でプラットフォーム資本主義を構成する競争、信用、労働の諸形態の働きをみる。第3章ではプラットフォーム資本主義の二類型（米国型と中国型）を考察し、特にその新しい局面である監視体制と国家の関係に焦点を当てる。第4章と第5章では、二類型のもとになった歴史、すなわち、西欧型資本主義と中国社会における資本主義の形成史をそれぞれ概観する。最終章では、それまで考察対象としてきたビジネス部門に加えて、公共部門におけるプラットフォームの役割を展望する。

それではまず、プラットフォーム資本主義の特質から分析してゆこう。

世界史からみたプラットフォーム資本主義

目次

世界史からみたプラットフォーム資本主義

第1章

プラットフォーム・ビジネスとは何か

——その基本的特質——

一　レイヤー構造と複数市場

バリューチェーン構造とレイヤー構造

「はじめに」でのＥＣと駅のプラットフォームとの対比で、プラットフォームのイメージはつかめたと思うが、プラットフォーム・ビジネスとはいかなるものであるかを、もう少し厳密に定義しておこう。いろいろな論者がいろいろな定義を提示しているが、比較的よく引用されるのはスルネックの次のような定義である。「プラットフォームとはふたつ以上のグループの相互作用を可能にするデジタル・インフラストラクチャーである」(Srnicek 2016)。この「グループ」には個人・団体のほかにモノまでも含むとされる。ただし、これだけでは情報の結節点の定義と変わらないので、データへの特権的アクセス、ネットワーク効果、ルールの支配という三つの特質を加えている。細かく見るといくつかの問題点はあるが、プラットフォームを広く定義し、情報化経済の実態を広くカバーできる利点がある。

しかし、ここでは、根来龍之の定義にしたがっておこう。根来 (2017) は、従来産業と比較しながらプラットフォーム・ビジネスの特徴を次のように示す。

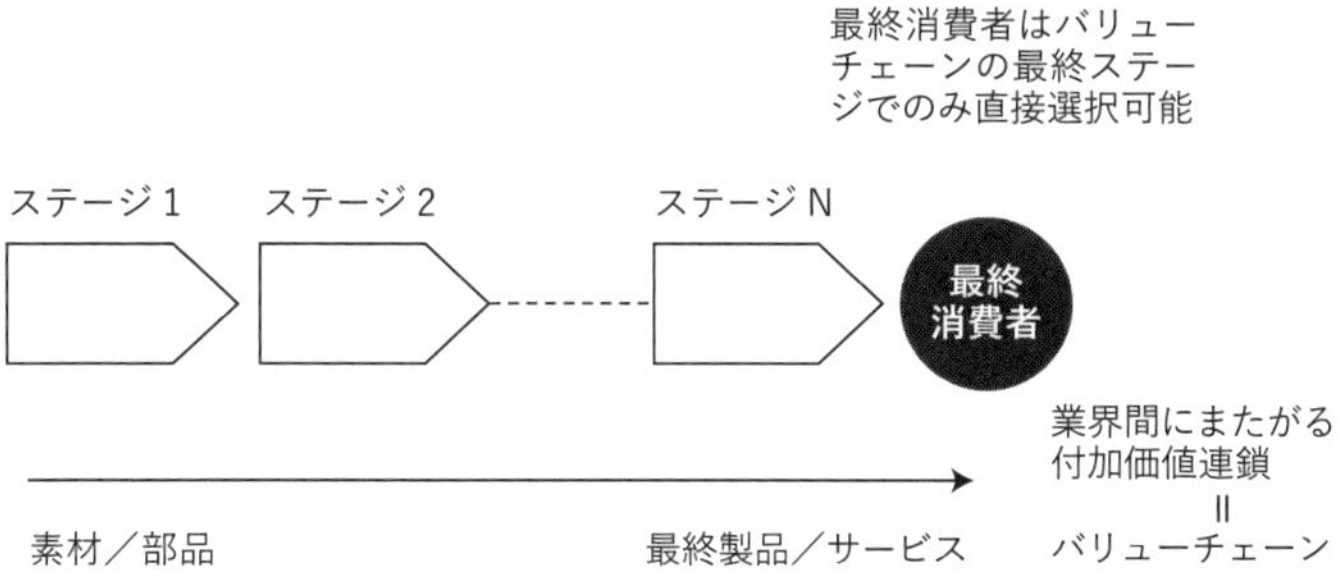

出所：根来（2017）

図1　バリューチェーン構造

従来型産業においては、商品の企画から完成までの流れが、企業間・業界間をまたいだ付加価値の連鎖として起こり、完成品あるいはサービスの段階で、ようやく最終消費者との取引に至る。この連鎖は、**バリューチェーン構造**と呼ばれる（図1）。これに対して、プラットフォーム・ビジネスは、他のプレイヤー（企業・団体・個人）が提供する複数の製品・サービスを提示する。この提示された製品・サービスをレイヤーと呼び、一つのプラットフォームにレイヤーが重なる場合が多い。これは**レイヤー構造**と呼ばれる（図2）。

レイヤー構造が生み出す経済圏

この定義の利点は、バリューチェーンと比較することでプラットフォームが生み出すエコシステムを明示できることにある。エコシステムとは、本来は、自然の生態系を意味するが、ここでは経済的な意味で用いられている。経済的エコシステム

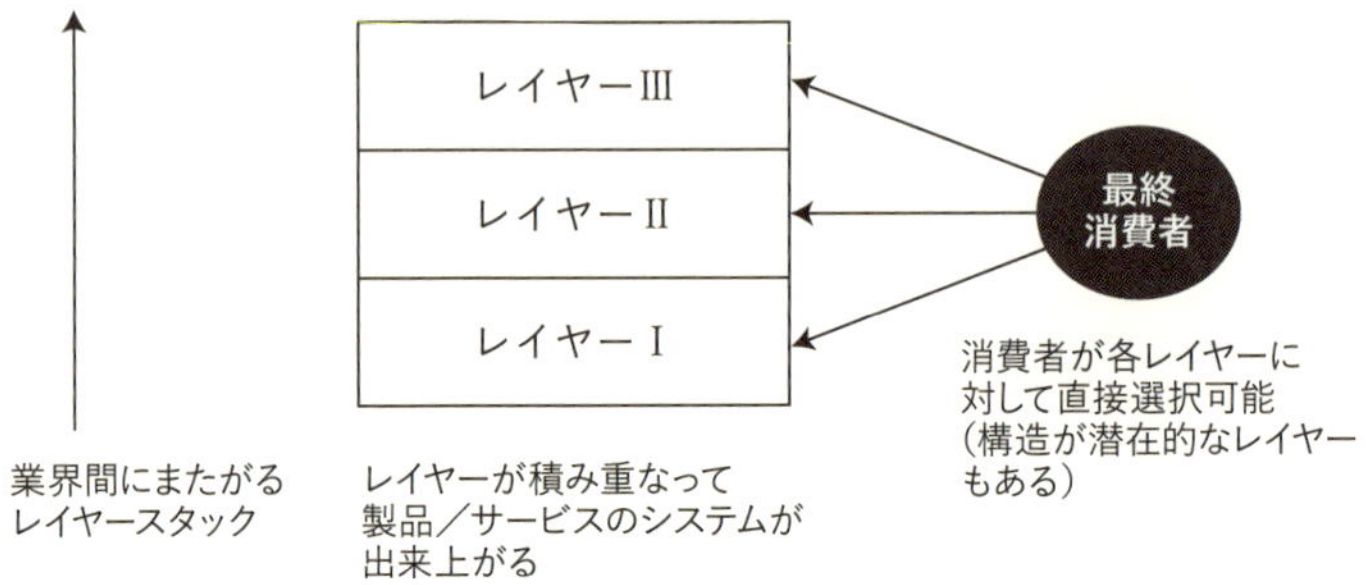

出所：根来（2017）

図2　レイヤー構造

の意味を理解するには、モザドとジョンソンが挙げたノキアとアップルの携帯電話の例が適切であろう。ノキアは携帯電話を単体ととらえ、デバイス中心の戦略をとった。これに対してアップルは、携帯電話を多くのアプリが載る経済圏（エコシステム）の中心ととらえ、ソフト中心の戦略をとった（Moazed and Johnson 2016）。**図2**の表示にしたがえば、携帯電話というデバイスの中の各レイヤーに各種のアプリが搭載されたことになる。ここでは、自然の生態系が様々な生物から構成されているように、経済的エコシステムも、様々な製品・サービスが合わさって一つの経済圏を作り上げている。ノキアのデバイス中心戦略に対して、アップルのソフト中心戦略が勝利したのは、現実が示すとおりである。この意味で、プラットフォームは、ビジネスモデルの革新をもたらし、新しい経済圏を作り上げたといえる。

図2ではレイヤーが下から積み重ねられた状態を描いているが、レイヤーⅡはレイヤーⅠを前提にしているわけではない。

各レイヤーは、原則的には相互に独立している。

レイヤー構造をもつビジネスの代表として、民泊仲介のAirbnbを見てみよう。Airbnbのプラットフォームには多数の民泊施設提供者が登録しており、全体としてレイヤー構造をなしている。他方、多数の宿泊希望者が、宿泊先をプラットフォーム上で閲覧する。両者の希望がマッチしたところで宿泊契約が成立する。プラットフォームに多数の登録提供者がいるようになれば、各消費者は多くの候補の中から自分に合った施設を探すことができ、施設提供者は高い頻度で顧客を迎えることができる。Airbnbは、増える需要に対して登録施設数を増やせばよく、設備投資はほとんどいらない。つまり、限界費用はほぼゼロである[*1]。このことは、Airbnbの急成長を可能にする。これに対して、ホテルグループであれば、増える需要に応えるには、ホテル設備の拡充・増設が必要となる。ここに、バリューチェーンとプラットフォームの違いがある。

＊1　限界費用とは、一単位追加生産するときにかかる費用をいう。

媒介型と基盤型

この例では、ユーザーと提供者の仲介、コミュニケーションあるいは取引を媒介するタイプのプラットフォームが取り上げられた。ＥＣサイトやＳＮＳもこれに相当する。ところが、も

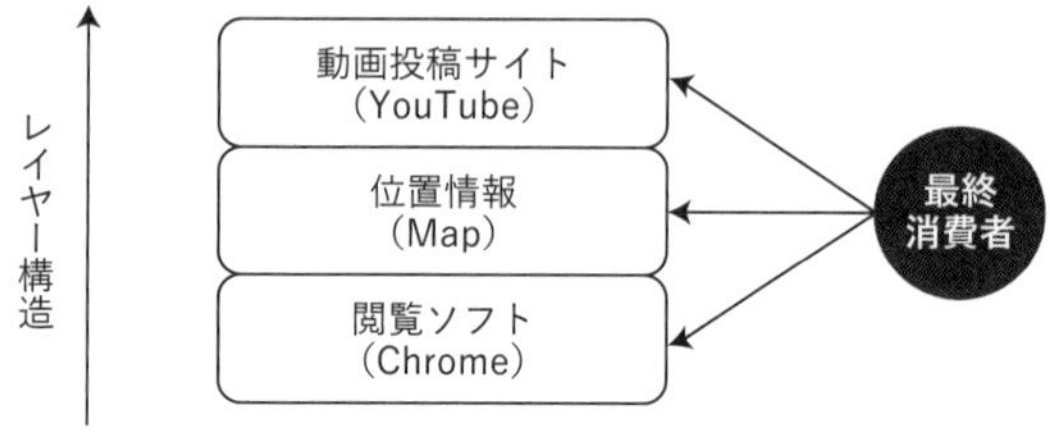

図3–A　基盤型プラットフォームのレイヤー構造（Google、Android）

う一つのタイプがある。それは、それを前提に補完製品の商品設計が行われるプラットフォームである。例えば、パソコン・スマートフォンのOSやクラウドがこれに相当する。根来（2017）は、前者を媒介型、後者を基盤型と分類する。[*2]

＊2　Moazed and Johnson（2016）では、媒介型を交換型、基盤型をメーカー型と呼び、Cusumano *et al.*（2018）では、媒介型を取引プラットフォーム、基盤型をイノベーションプラットフォームとよんでいる。呼び方はさまざまだが、意味するところは同じである。

まず、**図3―A**で基盤型タイプの例を、スマホにおけるGoogle社のプラットフォームでみてみよう。Google社は、スマホのOS（Android）を提供し、その上にブラウザ（閲覧ソフト：Chrome）、検索エンジン（Google）、位置情報（マップ）、動画投稿サイト（YouTube）、他にシステム手帳（カレンダー）、アプリストア（Play ストア）等を搭載する。OS上の各アプリがそれぞれレイヤーを形成し、そこに、多数の企業・団体・個人が登録して、それぞれのサービスを使う。

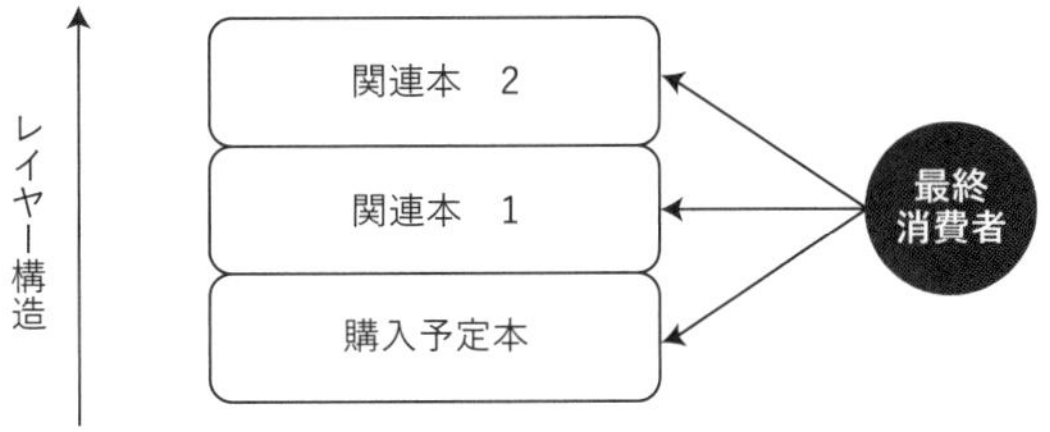

図 3–B　媒介型プラットフォームのレイヤー構造（Amazon、本通販サイト）

次に、図3―Bで媒介型タイプの例を「はじめに」で示したアマゾンの本通販サイトの例で見ておこう。レイヤーには購入予定の本、関連本1、関連本2が表示される。ユーザーはこの中から任意に本を一冊以上選ぶことができる。

複数市場性によるエコシステムの強化

さらに、媒介型のプラットフォームの中には、広告や決済、ゲームなどが搭載されている場合がある。つまり複合型のプラットフォームが形成される。この複合型プラットフォームは、プラットフォーマーが複数の市場に関与していることを示している。例えば、Facebookでは第一に利用者（投稿者）がおり、さまざまなメッセージを投稿したり閲覧したりする。第二に広告市場に広告主がいる。さらに第三としてFacebook上で作動するゲーム等のアプリ開発業者がおり、第四にニュース・音楽・映像等を供給するコンテンツプロバイダーがいる。[*3] この複数市場性が、エコシステムを強化する。

例えば、第三の外部のアプリ開発者の活動は、そのプラットフォームの魅力を高める。あるいは、第四のコンテンツプロバイダーは、利用者をそのプラットフォームへ誘導する。こうした複数市場性の機能が好循環を形成すれば、プラットフォーマー自身の経営努力に加えて、各市場の相乗効果により、需要をより多く喚起できる。さらに、のちに詳しく見るように、こうした複数の市場を抱えれば、どれかの市場へのアクセスを低価格もしくは無料にする価格戦略をとることもでき、収益も得やすい。

＊3　この点は、Cusumano *et al.*（2018）が指摘している。

以上みたように、プラットフォーム・ビジネスの革新性は、レイヤー構造と複数市場性にあるといえよう。

二　情報の収集と分析

情報集積によるネットワーク効果

レイヤー構造に複数市場性が重なった特質が相乗効果を発揮すれば、プラットフォームの利用者は増えていく。利用者が増えることにより他の利用者を引き込む場合もあれば、利用者の増加が外部のアプリ開発者やコンテンツプロバイダーを引き付ける場合もある。いずれにしても、多数の利用者が集まれば集まるほど、その分、ネットワーク効果（利用者が増えるほど、個々の参加者にとって当該サービスの利用価値が高まる）が働き、サービスの価値は増大する。多数が参加する結果、プラットフォームには大量の個別データが集まり、データの分析ができるようになる。このデータ分析により、どこにどのようなニーズがあるかを推測できるので、適切なサービスを提供できる。あるいは、データ分析で得られた結果を加工して、利用者ではなく広告主にターゲティング広告の情報を提供でき、広告を通して、結果的に需要を開拓することもある。

具体的には、例えば、ＥＣサイトのAmazonは、消費者の購買履歴・閲覧履歴を調べて、各個人の嗜好に合った商品の情報を送り、販売につなげることができる。また、定額映像配信サービスのNetflixは、視聴者の閲覧分布から特定ジャンルの視聴傾向を分析したり、各映像の巻き戻し箇所やその頻度からより細かい視聴者の嗜好が分析できる。そこから、配信映画の推奨や自主製作映画のコンテンツを決めることができる（日本経済新聞 2021c）。また、情報閲覧自体が目的の検索エンジンやＳＮＳでは、個人ごとの検索履歴や投稿情報が蓄積される。検索エンジンでは、利用者は情報を得られる便益を享受でき、プラットフォーマーも利用者の関心事が何かという個人情報を得る。ＳＮＳでは、利用者は、特定または不特定の相手に対して、情報を発信することができ、プラットフォーマーは、細かな個人情報（個人の嗜好や政治指向、人間関係等）を析出できる。

かつて、Amazonで利用者のレビューを掲載すると決めたとき、「商品にケチをつけさせるのか」という社内外での反対に対して、ベゾス（当時のＣＥＯ）は次のように答えている。「我々はモノを売って儲けているんじゃない。買い物についてお客が判断するとき、その判断を助けることで、儲けているんだ」（Stone 2013）。この意味でプラットフォーム・ビジネスは情報産業である。ここで情報産業という意味は、情報のみを販売する事業だけではなく、モノやサービスに情報を付けて売る事業をも指している。つまり、プラットフォームは、単なる情報結節点ではなく、情報が集積され、それをアルゴリズム等を使って分析する場所なのである。[*4] プラットフォーム・ビジネスにとっては、この情報の集積と分析が決定的に重要である。この点は、のちにプラットフォーム資本主義を情報資本主義の最新段階と規定する理由ともなっている。

＊4　アルゴリズムとは、問題を解決するための手順や計算方法、思考方法を指す。それは、コンピュータープログラミングの分野で用いられることが多く、プログラムに組み込まれた計算手順や処理方法を指す。

情報管理の重要性

なお、情報の出どころには注意を要する。これまで取り上げてきたのは、主として個人情報であるが、この他に企業から出る情報もある。SNSで企業自身が発する情報や取引履歴は、公開しても差し支えない情報だが、企業には秘匿している生産ノウハウなどが存在し、公開が望ましくない情報も抱えている。こうした情報をプラットフォームでどのように管理するかは、当該企業の存亡を決める場合もあり、企業は当然、情報の保管に慎重になるだろう。この点、企業向けサービスを行うプラットフォームは、急速にはネットワーク効果を期待しにくい事情がある。

三　所定のルールによるマッチング

ここまでは、財やサービスの提供者と消費者がプラットフォーム上で出会い、契約するということを前提にして話を進めてきた。しかし、実際には、両者はプラットフォーマーが事前に定めたルールに従うことを承諾させられている。例えば、両者または一方が一定期間に定額の会員費を支払うとか、契約成立の際には手数料を支払うとか、あるいは会員となるための条件（例えば、氏名・年齢・性別・電話番号・メールアドレス・クレジットカード番号等の個人情報登録を示したうえで、定められた規則を遵守すること等）を満たすとかいったことが考えられる。

これは、第一義的には、プラットフォーマーが利用者相互間の関係を自らの意図に沿って管理するためになされる。仮に管理がうまくいかないと、犯罪行為が発生したり、違法コンテンツが掲載されたりすることもある。あるいは、そこまでいかなくても、資格要件を緩めすぎると社会常識を逸脱した者が頻出したり、規定が曖昧だと利用者間の深刻なトラブルを引き起こしたりする。

そこで、ルールを利用規約といった形で利用者に示し、同意を求めることとなる。この利用規約は、インターネット上で行われる場合は、長文の規約文書に同意の箇所をクリックすることで行われる（クリックラップ契約）。これは、法律家により、しばしば付従契約（当事者の一方が決めたことに他方が従わざるを得ない契約）と呼ばれる（Zuboff 2019）。また、プラットフォーマーと商品・サービスの提供者との間では契約により互いの義務を規定し合うが、これが、時にはプラットフォーマーによる優越的地位の濫用として問題視される場合もある。

こうした問題をはらみつつも、プラットフォーム上にはルールが設けられ、それに従って需給のマッチングが行われる。

四　生産財・公共財のプラットフォーム

強い信頼関係の必要性

ところで、プラットフォームのビジネスモデルが説明される場合、通常、消費財を扱うプラットフォームが想定されている。ここでもそれに沿って説明を行ってきた。たしかに、需要側が消費者の方が、ネットワーク効果は格段に高い。それゆえ、取引規模も大きく、成長も速い。それは、米ＩＴ大手（例えばＧＡＦＡＭ）を見れば明らかであろう。

とはいえ、プラットフォームは、生産財でも公共財でも形成される。

生産財を扱うプラットフォームとしては、よくＩｏＴ（Internet of Things＝モノのインターネット）が挙げられる。例えば、建造物のドローン点検や小松製作所の建設機械稼働管理システム、あるいは陸上鮮魚養殖などが挙げられる（ＩｏＴビジネス研究会 2020）。

このうち、建造物のドローン点検は、対象の建造物が異なる所有者に属していれば、様々なモノのデータが集約され、それが分析されサービスが提供されるので、プラットフォーム上の活動と言える。しかし、建設機械稼働管理システムや陸上鮮魚養殖は、一企業内で行われるものであり、プラットフォームの定義にもよるが、工程管理のデジタル化ではあっても、プラットフォーム上で機能しているとは断定しがたい。逆に言えば、企業間の取引を仲介するプラットフォームは、強い信頼関係があらかじめ存在していなければ、役割を実行できないといえよう。

信頼性をいかに高めるか

ただし、それが不可能というわけではない。第6章第二節に詳しく見るように、例えば、一方で部品生産技術に優れた中小企業が登録され、他方で中堅・大手の機械製造企業が登録されるプラットフォームがあるとする。この場合、後者から前者への発注仕様が提供され、プラットフォーマーがそれを複数の業者に割り振り、契約を仲介することがある（日経産業新聞 2022a）。あるいは、一方に印刷業者、他方に印刷依頼者（団体・企業等）が登録し、後者が発注仕様をプラットフォーム上に載せ、プラットフォーマーがその時点で設備稼働可能な印刷業者にそれを仲介・発注するという場合もある（カンブリア宮殿 2022b）。これらは、生産財のプラットフォームといえる（以下では、企業間プラットフォームという）。ただし、こうした企業間取引を仲介するプラットフォームが活動するには、プラットフォーマーに対する信頼性や情報漏洩を禁止する契約あるいはそれを凌ぐ収益の実現の見込みが必要となり、消費者相手のプラットフォーム形成より時間を要すると思われる。

また、公共サービスのプラットフォーム（以下では、公共的プラットフォームという）形成は、欧州で既にみられる。第6章に詳しく見るように、徳丸宜穂は、フィンランド・オウル市において保健サービスのデジタル・プラットフォームが形成されている例を紹介している。そこでは、通院の予約や専門家とのやりとり、健康状態のセルフチェック、検査結果の記録・検索、保健指導の受講などをインターネット上で行うことができる（徳丸 2020, 2022）。

生産財でも公共財でも、プラットフォーム上に提供される情報は、プラットフォーマーが信頼に値すると認識されていることが前提である。このため、プラットフォームを立ち上げる際には、プラットフォーマー、サービス提供者、サービス利用者間の事前の意思疎通や契約の明確化が、必須となる。

生産財と公共財のプラットフォームは、第6章でみるように、情報の共有が進行するという意味で、将来社会の展望を大きく規定する要素となるだろう。

五　「連結の経済」と需要主導の「規模の経済」

プラットフォーム形成がもたらした転換

こうして、プラットフォームが形成されると、所定のルールと蓄積された情報をもとに需給マッチングが行われる。そこに新たな経済圏（エコシステム）が生まれる。これを「連結の経済」とよぼう。[*5] これは新しい産業集積の形成といえる。豊かさが広く行き渡ってきた産業資本主義後の段階になると、個別ニーズの違いを認識しなければ需給マッチングが果たせないようになり、情報の伝達にもとづく連結の経済の登場は必然だったといえる。

＊5　連結の経済は、かつて、情報化の時代を迎えて、宮沢（1988）が提起した概念である。ここではそれを、情報の伝達に基づく産業連携の形成という意味で用いている。

この連結の経済にともなって、もう一つの経済効果が働く。ネットワーク効果によりプラットフォームに多数の利用者が集まれば、当該サービスへの需要が大きくなり、多額の投資（主に開発費）の回収が容易となる。これは、産業革命期に始まった供給サイドのイノベーション（大量生産技術）による規模の経済に対して、需要サイドのイノベーションが牽引する「規模の経済」

と呼ばれる（Parker *et al.* 2016）。需要サイドのイノベーションとは、具体的には、デジタル・ネットワークの形成、各種アプリの開発、アルゴリズムを用いた膨大な情報処理などをもとにして、個別ニーズに対応しながら全体としては大規模な需要を促すイノベーションを指す。各個別のプラットフォームでは、この需要サイドのイノベーションこそが、ネットワーク効果を引き出す核となる。例えば、ＥＣサイトAmazonのレビュー投稿や閲覧履歴からアルゴリズムに推奨される商品群を参考にした商品選択、あるいはAirbnbの詳細で豊富な宿泊施設リストと利用者評価などがある。これにより個別化された需要が喚起され、全体としてはサービスが普及してゆくので、あたかも目的地を異にした乗客が同じ駅のプラットフォームに集まるように、多数者が集まり、ネットワーク効果が生まれ、規模の経済が働く。消費財を扱うプラットフォームでは、とりわけネットワーク効果が効きやすく、企業成長も速くなる。ＧＡＦＡＭが急成長をとげた所以でもある。

歴史を俯瞰すれば、プラットフォーム資本主義においては、産業資本主義期における供給サイド主導の規模の経済から、連結の経済と需要サイドの規模の経済との組み合わせへの転換が起こっていると、ひとまずは言える。

ネットワーク効果が生じる条件

ただし、ネットワーク効果は、すべてのプラットフォームに当てはまるわけではない。例えば、ＩｏＴ。これは、スルネックのようにプラットフォームをモノの相互作用が起こるデジタル・インフラストラクチャーととらえればプラットフォームであるが、ＩｏＴが企業内で完結すれば、工程管理は効率化されるが、外部の需要を引き起こすわけではない。したがって、ネットワーク効果を引き起こさない。

また、特定の個人・団体のみがアクセスできるプライベート・クラウドも似たような性質をもつ。特定の個人・団体がクラウドを利用するときに外部のソフトウェアを使用すれば、たしかに外部の需要を引き起こす。しかし、だからと言って、そのことが引き続き別の者による次の需要を喚起するわけではない。つまり、需要の連鎖は起こりにくく、ネットワーク効果も生まれにくい。ただし、不特定の一般利用者が使うパブリック・クラウド（例えば、翻訳ソフト・クラウドなど）は、利用者が増えれば増えるほど、蓄積される情報量が増え、クラウドで用いるソフトウェアの処理精度は上がる。それがさらなる利用者を増やすので、ネットワーク効果が生じる。

つまり、ネットワーク効果は、あくまでも利用者の増加がより多くの利用者の増加を引き起こすか、複数市場のうちのどれかの需要増加が利用者の増加を引き起こすかする場合に起こるのである。

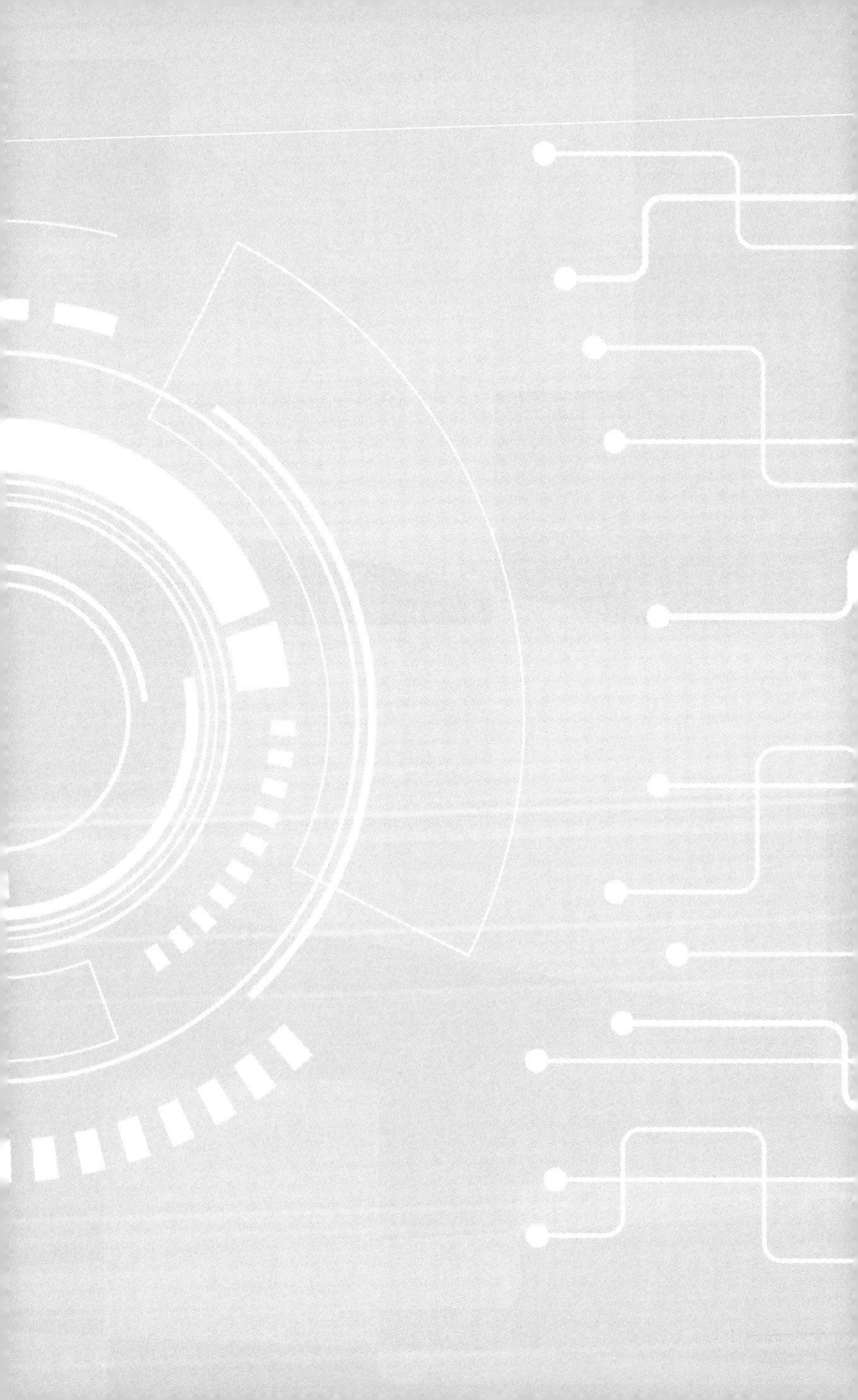

第2章

プラットフォーム資本主義を構成する競争、信用、労働の制度諸形態

ここまで、プラットフォーム資本主義のもつ基本的特質を見てきた。

次に、プラットフォーム資本主義が、どのような制度諸形態に媒介されて経済活動を実現させているのかを見てみよう。経済活動が制度を媒介にして実現されるという認識に立つのは、資本主義においては、市場ばかりではなくさまざまな制度も経済活動に影響を与えるからである。例えば、労働組合、商習慣、土地法制、中央銀行制度などは経済活動を一定の方向に向かわせる。かつてポランニーが指摘したように、とくに第一次世界大戦と第二次大戦の間（いわゆる戦間期）を境に、資本主義は自己調節的市場から社会の自己崩壊を防ぐ諸制度の成立を伴う社会へと変化した（Polanyi 1957）。そこで以下では、ポランニーの制度分析を継承しているレギュラシオン派の理論にしたがって、競争形態、貨幣・信用形態、労働形態における経済活動を分析する。[*1] なお、制度諸形態のうち、国家形態については、後に見るように、国家介入のあり方がプラットフォーム資本主義の類型を決める点で他とは異なる影響を与えるため、また国際関係については、グローバルに展開するプラットフォーム・ビジネスへの規制がいまだ流動的であるため、改めて、第3章で述べることとする。

＊1　ここでの制度形態の分類は、レギュラシオン派の五つの制度形態（貨幣・信用形態、競争形態、賃労働関係、国家形態、国際体制への挿入）に依拠している。

一　競争形態――寡占化と新規参入

ネットワーク効果がもたらす優位性

プラットフォーム・ビジネスにおいては、同じ機能をもつもの（例えば、ＥＣサイト、ＳＮＳ、検索エンジン、配車サービス、宿泊施設仲介等）の間で競争が起こる。同じビジネスにおいては、ネットワーク効果を手に入れたものが圧倒的優位に立つので、それを巡って熾烈な競争が展開される。その際、勝敗に大きな影響を与えるのは、他とは違う、サービスの革新性である（もちろん、プラットフォーム・サービス自体の価格も競争要因の一つであるが、この点については後述する）。例えば、検索エンジンならアルゴリズムによる検索結果表示、ＥＣサイトなら豊富な品揃え（または多数の出品者）・適切な商品価格・迅速な配達・他の利用者のレビューなどの参考情報、配車サービスならアプリでできる迅速な配車・他の利用者の評価情報、宿泊施設仲介なら豊富な施設リスト・宿泊料金・安全性・他の利用者の評価などである。

プラットフォーム・サービスの利便性は、多数の利用者を集めるほど高くなるので、最終的には寡占化が生じやすい。例えば、検索エンジンに関しては、グーグルのシェアが圧倒的に高

表1　検索エンジンの順位とシェア（2021年）

検索エンジン	世界順位	世界シェア（%）	国内順位	国内シェア（%）
Google	1	91.42	1	75.59
Bing（Microsoft）	2	3.14	3	5.09
Baidu（百度）	3	1.75	5	0.11
Yahoo	4	1.53	2	18.85
その他		2.2		0.5

出所：Search Engine Market Share / Statcounter Global Stats

い（**表1**）。寡占のあるところでは、上位企業の優越的地位の濫用が起こりうる。事実、日本のＩＴ業界では、他分野よりも、下請法違反・独占禁止法違反の案件が多いということが公正取引委員会の調査で明らかとなった（公正取引委員会 2022）。

機能・サービスの絞り込みによる新規参入

ただし、寡占企業の脇で、利用者の属性やサービスの機能を絞り込むことによって、独自のビジネスモデルを展開して存続を図る企業もある。

例えば、ＥＣサイトにおいてはAmazonが跳びぬけたシェアを占めているが、日本ではそれ以外のサイト、例えば、Ｚホールディングス（現ＬＩＮＥヤフー）、出店型ＥＣサイトの楽天もかなりのシェアを占めている（**表2**）。表には出てこないが、新興企業も参入している。例えば、新製品商品化のためクラウドファンディングを立ち上げると同時に、その予約購入（「応援購入」という）を

表 2　日本の EC 業界の売上高・順位・シェア（2020-2021 年）

企　業　名	順位	売上高（億円）	シェア（%）
Amazon Japan	1	21,873	44.8
Z ホールディングス	2	8,380	17.1
楽天グループ	3	8,201	16.8
MonotaRO	4	1,573	3.2
大塚商会	5	1,541	3.2
ファーストリテイリング	6	1,076	2.2
メルカリ	7	1,061	2.2
その他（計）		4,980	10.5

出所：業界動向 EC 業界

組み合わせて、ネット上で購入者を募集するマクアケは、新しいタイプのECを展開している（日経産業新聞 2022c）。また、中小企業による消費者向けネットショップ開設を支援するBASEも、個人商店のネットショップ連合のECサイトを運営している（カンブリア宮殿 2022a）。両社とも今のところ売り上げを伸ばしている。ただし、マクアケの売上高は二〇二一年の四六億円をピークに横ばいないし下降気味であり、BASEは一一七億円（二〇二三年）と最近は微増傾向であるが、上位企業との差は大きい。アメリカでも Amazon は大きなシェアを獲得しているが、最近では低価格を売り物にしている中国系ECサイトの Temu や Shein が若者を中心に台頭してきている（日本経済新聞 2022c, 2024a）。

また、主として特定の者に向けた情報発信のSNSでは、Facebook が巨大なシェアを獲得しているが、ビジネスシーンに限定したＳＮＳとして、リンクトインも参加者に受け入れられている。動画投稿サイトはYouTubeが大きなシェアを占めているが、いささか飽和状態となっている。そこで、短時間動画に絞ったサイトとして登場したのがTikTokで、若者を中心に支持を伸ばしている。

イノベーションの促進

このように、プラットフォーム・ビジネスでは寡占化が進みやすいが、同時に新規参入が増えることもあるという複雑な競争が繰り広げられる。そして、この競争過程で起こる供給サイドと需要サイドとのコミュニケーションからイノベーションが起こる度合いが高まる。例えば、新製品市場での資金調達と先行販売を組み合わせたマクアケでは、出品者は、自らの商品企画を検証することができるので、需要に合わせたイノベーションを促進できる。マクアケでは、最初は資金調達に苦労をしている中小企業の参加が多かったが、最近は、大手企業も参入して、企画の検証に活用している（日経産業新聞 2022b）。これは、社内に眠っているイノベーションの種を市場とのコミュニケーションを通じて実現化する試みと言えよう。こうして生まれたイノベーションは、需要主導型イノベーションと言える。

こうした事態は、公共サービスでも起こっている。徳丸宣穂（2017）は、欧州でこの需要主導型イノベーションが注目され、需要・ユーザー主導型イノベーション政策が実施されつつある例を紹介している。改良型イノベーションが得意な組織にとっては、プラットフォームを利用することは有利に働くのではなかろうか。

多様な収益モデル

これらプラットフォーム間の競争では、価格も競争要因の一つとして働く。ただし、価格は、「費用によって決まる価格」でも「需要によって決まる価格」でもない。それは、収益化モデルにより決定される。しかし、プラットフォーマーの収益化モデルは、実は一つではない。多様なモデルがありうる。

まず、プラットフォーム参加者から支払いを受ける方法がある。ある場合には、プラットフォーマーは、プラットフォーム上の取引で支払いを受けた企業に取引手数料を課す。例えば、ウーバーの運転者やAirbnbの宿泊提供者は取引手数料を課される。ECサイトでの販売では、出品者に手数料が課される（ただし、出店料という別料金もありうる）。あるいは、プラットフォーマーが、有料会員制度を敷き、会員費を徴収する場合もある。例えば、動画視聴のNetflixでは、会員は、毎月定額会員費を払えば好きなだけ視聴できる。

次に、複数市場性の仕組みを利用し、直接の利用者以外から支払いを受ける方法もある。昔の例では、電話事業者が電話帳を作る場合、そこに広告を掲載し、広告主からは広告料を徴収し、電話加入者には電話帳を無料で配布することが行われた。電話事業の市場と広告市場をリンクさせたのである。現在では、例えば、ビジネス特化のSNSリンクトインは、特定企業の求人をサイトに掲載させ、彼らに課金をする。また、電話帳の例に似て、広告主から広告料をとる方法もある。単純にサイトの画面に広告を掲載するという方法もあるが、現在ではむしろターゲティング広告の方が主流となっている。これは、GoogleやFacebookが得意とする手法で、サービス（検索、動画投稿、メール、位置情報、SNS等）を無料化し、多くのユーザーを獲得し、彼らの個人情報（関心事、移動場所、趣味、人間関係、信条等）を収集し、個人別の傾向を抽出する。そして、それを個人名は分からないように加工して（ただし、クッキー情報は分かる）広告主に提供し、効果に応じて広告料を徴収するというものである。

こうした収益化モデルを選択しながら、プラットフォーマーは競争を行っているのである。そこには、寡占もあれば新規参入もある。

二　貨幣・信用形態——資金調達とフィンテック

資金をいかに調達するか

次に、プラットフォーマーと金融資本との関係を見ておこう。これに関しては、Googleが自らの収益化モデルを確立していく過程が、その関係を象徴しているように思える。以下、それをショシャナ・ズボフの巧みな解説に沿って見ておこう（Zuboff 2019）。

二〇〇〇年四月にITバブルが崩壊すると、それまでシリコンバレーのスタートアップ企業に投資していた投資家たちは、投資を引き上げ始めた。その波は、Googleにも押し寄せつつあった。当時、すでにGoogleは、その検索システムの優秀さにおいて高い評価を得ていた。しかし、それをビジネス上の収益に有効に結びつける手立てをまだ確立していなかった。それで、「Googleは、そのテクノロジーに比肩するほどのビジネスモデルを創り出せるのか？」という疑問が出始めたのである。それまで、Googleの創始者たちは、広告に頼ることを軽蔑していた。なぜなら、広告に頼る検索エンジンは、検索結果を公正なものでなくすと考えていたからである。しかし、投資家たちの圧力は日増しに強くなり、数カ月間、彼らを不安に陥れた。そこで、彼らは非常事態を宣言し、それまで忌避していた広告から収益を上げる方法を必死で探索することとなった。その結果、見つけたのがターゲティング広告の手法だった。これは、それまでのように検索クエリ（検索エンジンに問い合わせる際に入力する言葉や文章）から関連のある広告を出すのではなく、特定の個人をターゲットとして広告を送る方法である。そのために、Googleに集まる膨大な個人情報と他から集めることができるデータを組み合わせて、その個人の行動を予測し、それをもとに広告を発信する。広告料の取り方も、広告効果を実証した上で決めるので、広告主の支持も得られた。このとき、Googleは、ユーザーのためにデータを解析するのではなく、広告主のためにそれをなすよう経営方針を秘かに大転換したのである。こうして、Googleは監視資本主義（この点については後述する）の経営モデルを確立した。ユーザーに無料でサービスを提供する一部のプラットフォーマーは、一見、金儲けとは縁遠いようにも見えるが、実は、その軛《くびき》から脱することはできないことが証明されたのである。

一般に、プラットフォーマーには資金が必要であり、そのためには投資を受けるか資金を借りるかしなければならず、それには大きな収益を上げて応えなければならないのである。もちろん、取引手数料モデル、第三者課金モデル、有料会員制モデルのプラットフォーマーも、収益を上げる圧力を受けている。総じて、資金調達をとりわけ投資家に仰ぐのであれば、企業は、収益化モデルを確立し、企業価値（株式総評価額）を高めるよう努めなければならない。ここに、デジタル・プラットフォーマーと金融資本との関係を見ることができる。

ＩＴ企業自身の金融への参入

これは、プラットフォーマーが金融資本から資本調達を受けるときの関係である。しかし、情報通信技術の進化は、ＩＴ企業が金融サービスに参入する可能性をも開いた。従来は、決済や送金等の金融サービスは、銀行の預金口座を経由して提供された。しかし、デジタル通信とモバイル端末を組み合わせれば、銀行口座を経由することなく送金・決済が可能になった。例えば、ケニアでは二〇〇七年三月に携帯電話を活用したモバイル送金サービスM-Pesaが開始された。そこでは、送金したい人は通信事業者の代理店Ａで現金を渡す。送金者は、受取人の携帯電話番号と金額をショートメッセージ（ＳＭＳ）で送信する。受取人は、近くの代理店ＢでＳＭＳの情報を見せてお金を受け取るという仕組みが敷かれた。つまり、銀行口座を持たなくとも、携帯電話からＳＭＳを送信することで、送金、預金・引き出し、支払いといった金融取引を行うことができる。こうした情報通信技術を金融に応用したサービスをフィンテックと呼ぶ。したがって、当初、フィンテックは貧者の金融とも呼ばれ、金融包摂を画期的に広げたのである。

今までは、金融サービスは、銀行預金を軸にして、支払決済機能と金融仲介機能の両方が提供されてきた。しかし、フィンテックは、それを分解可能なものに変えた。さらに、分解された金融機能は、金融以外のサービスと組み合わせて新しいサービスを提供することも可能にした（山岡 2020）。例えば、支払決済に付随する情報をＥＣの販売促進に利用したり、ＳＮＳの利用データを与信に利用したりできる。こうしたことができるのは、取引や通信にともなう情報が、それを仲介する企業に蓄積されているからである。だとすると、大量の情報が集積される大きなプラットフォーマーには、金融ビジネスに参入するチャンスがあるといえる。代表的なものとして、中国のアリペイやウィチャットペイなどが挙げられる。アリペイでは個人の信用スコア（芝麻信用）を、社会的地位・取引履歴・収入・資産・人脈等の個人データをもとに数値化している。数値が高い者ほど、融資金利の引き下げ・ＥＣ商品のディスカウント等の優遇措置が受けられるため、進んで個人情報を提供する者もいるようだ。ここでは与信とＥＣ販売とがリンクしている。日本では、ＥＣと金融とのシナジー効果を狙った楽天も楽天カードに代表されるフィンテック事業を強化している（斎藤 2020）。

米ＩＴ大手も、支払い機能を自社で行うビジネスに関しては、すでに行っている。しかし、中国IT大手のように金融サービスに本格的に参入するかはまだ定かではない。

とはいえ、ラナ・フォルーハーによれば、彼らは、銀行としての規制を受けることなく、自ら安価な社債を発行し、それで高利回りな社債を買い占めようとしている（Foroohar 2019）。実際、彼らは、オフショア口座に主に社債の形で八〇〇〇億ドルを所有している。これは、金融機関と同じようなビジネスを行っているともいえる。さらに、米財務省報告書には、プラットフォーマーと銀行が消費者の財務情報を共有して、個人に合った商品を売り込むために利用していることが記されているという。

こうしてみると、米IT大手は、事実上、金融サービスを始めていると言えるかもしれない。だが、プラットフォーマーが金融サービスに自己が保有する個人情報を利用する際には、先のアリペイの例で見たように、個人情報とビジネス利用の間に、ある種の相克がありうることに注意を払う必要がある。

以上見たように、プラットフォーマーは、資金調達とフィンテックの二つの面で金融ビジネスと密接な関係をもっている。[*2]

＊2　本書ではデジタル通貨の一種である暗号資産（仮想通貨）を取り上げることはしない。なぜなら、国際決算銀行（BIS）も認めているとおり、それは、価値変動が激しく、金融システムをさらに不安

定化すると見られているからである。

三　労働形態——三種類の新しい労働

格差がもたらす二極化

では、プラットフォーム資本主義で、労働はいかなる形態をとるのであろうか。

プラットフォーム資本主義がデジタル技術を必須としている以上、その技術を有している人材が優遇される。その技術はＯＪＴで磨かれる以前に、教育や訓練で用意される。したがって、ＩＴ人材がどのような社会層から輩出されるかは、国や地域の教育システム・職業訓練システムによっている。藤田実によれば、プラットフォーム資本主義が最も発展しているアメリカのＩＴ人材は、大卒以上の学歴、白人、男性に多い。他方で、店頭販売員・倉庫での仕分けや配送に関わる労働者もいる。両者の間には、職種別賃金格差が大きいだけでなく、各職種内での賃金個別化もなされている（**表3**）（藤田 2021）。

こうした職種別労働条件格差に加えて、労働形態の多様化も進んでいる。典型的なのは、プラットフォーマーから個人で単発の仕事を請負う労働者（いわゆるフリーランス）の仕事である。

表3　Apple の職種内賃金格差

（単位：万ドル）

		平均	最低	最高
技術職	エンジニアリング・マネージャー	20.1	10	24.1
	プロジェクト・マネージャー	15.32	8.3	22.5
	プログラム・マネージャー	15.6	9.87	21.4
	ソフトウエア・エンジニア	13.63	5.44	24.9
	データ・エンジニア	16.18	10.81	20
販売職	上級店舗マネージャー	9.84	7.12	14.73
	店舗マネージャー	8.45	5.02	13.97
	店舗アシスタント・マネージャー	6.9	5.85	9.19
	販売	3.14	n.d.	5.73

出所：藤田（2021）

ウーバーでの運転や配達の仕事はその代表的なものである。アメリカでは、運転や配達の仕事ばかりでなく、翻訳・マーケティング・法務・会計などにもその労働形態は及んでいると言われている（藤田 2021）。日本では、フリーランスのほかに、下請構造を利用した発注も見られる。たとえば、ソフトウェア開発は下請化されている。さらに、多重下請の中で丸投げ・中抜きといった事態まで見られる（公正取引委員会 2022）。これらの労働形態は、直接的雇用関係とはみなされておらず、労働する側が不利な契約条件を押し付けられやすい。[*3]

＊3　フリーランスに関しては、二〇二四年一一月からフリーランス保護法が施行されたが、効力に疑問ももたれている。

表4　情報通信技術産業の規模（2016年）

	対GDPに占める付加価値（%）			全雇用に占める雇用比率（%）		
	合計	情報関連製造業	情報サービス	合計	情報関連製造業	情報サービス
イスラエル	14.4	3.6	10.8	6.1	1.4	4.7
米国	7.9	1.6	6.3	3.8	0.7	3.2
日本	6.7	1.7	5.0	3.8	1.0	2.8
エストニア	6.4	0.8	5.5	5.5	1.1	4.4
インド	6.3	0.4	5.9	0.9	0.1	0.8
ドイツ	6.2	1.4	4.7	3.7	0.8	2.8
OECD	5.9	1.1	4.8	3.7	0.7	3.0

出所：伊藤（2020）

デジタル・クリエーターというもう一つの極

以上見たように、インターネット・ビジネスは労働の二極化をもたらすとする議論が多い。しかし、二極化ではなく三極化するという見方もある。伊藤亜聖（2020）は、デジタル化により新たに生まれる職種を、IT人材、デジタル・クリエーター人材、ラスト・ワンマイル人材と分類している。IT人材は、デジタル・ツールを開発し、活用できる人材である。デジタル・クリエーター人材は、例えばユーチューバーのように、自らのクリエーターとしての能力とコミュニケーション能力を発揮し、プラットフォーム上に独自の情報を発信できる人材である。ラスト・ワンマイル人材とは、宅配で発注者に荷を届ける仕事に代表される、自動化がしにくく労働集約的な作業を担う人材である。雇用増加の面で見ると、IT人材は中核の仕事を担うとは言え、増加の面ではそれほど多くはないとされている。なぜなら、表4で見るように、全雇用に占める情報通信技術産業での雇用比率は、その付加価値の占める割合ほど高くはないからである。これは、情報化が付加価値生産を増やすほどには雇用を増やさないことを示している。また、デジタル・クリエーター人材は、視聴者が一部の作品に集中するため、雇用増加も少ないとされる。逆に、ラスト・ワンマイル人材は、先進国・新興国事例を観察すると増えていると指摘される。

ＩＴ人材とラスト・ワンマイル人材は、実質的にこれまで語られてきた職種と同じである。ここで伊藤が付け加えたのは、デジタル・クリエーター人材である。この点については、必ずしも多くは語られていないので、この人材の現状と可能性についてもう少し考察を加えてみよう。クリエーターエコノミーを特集したＣＢインサイツ（2021）は、クリエーターエコノミーを「自分の知識やスキルで、ファンから収入を得る自営業者が始めた個人事業や副業を指す」と定義している。これは、伊藤とほぼ同じ定義で、いわゆるコンテンツ産業の一部をなすという解釈である。

クリエーター・エコノミーの可能性

デジタル・クリエーターは、今までは、既存のプラットフォームに投稿し、視聴者が多ければ広告料をもらう、というビジネスモデルを構築してきた。しかし、広告にのみ頼るやり方は、契約条件が広告主主導になったり、投稿内容を広範囲な視聴者に受けいれられるよう求められたりして、クリエーターの自主性を損なったりもする。ところが、事情が変わりつつある。例えば、投げ銭や動画編集ソフトなどを用いると、広告によらないでも収益が得られる。コンテンツ作成、ファンとのやり取りの収益化、資金繰り支援などを外部から得て、彼らが自立する可能性も出始めたのである。逆に、プラットフォーマーも、人々を惹きつけるクリエーターの能力に気がつき始め、彼らが自立的に活動でき、収入も得られるような枠組みを設け、彼らを取り込もうとし始めた。

こうした状況下でデジタル・クリエーターを目指す人々は多く、米ベンチャーキャピタル（VC）シグナルファイヤーによると、自称クリエーターは約五〇〇〇万人にも上るという。しかし、成功するのはほんの一握りで、あとは低収入にとどまる人が圧倒的に多い。オンリーファンズ（英有料SNS）ではクリエーターの上位一%が利益全体の三分の一を独占する一方、大半の収入は月一四五ドルに満たないとされるし、一七年に収入が米国の連邦最低賃金を超えたパトレオン（米クラウドファンディング）のクリエーターはわずか二％だったという。これは、伊藤の雇用増加の見通しと一致する。しかし、クリエーターエコノミーをコンテンツ産業の一部とみなせば、これは当然の帰結ともいえる。昔からコンテンツ産業のスターは一握りの人しかなれなかったし、まして仕事が個人で完結する「デジタル・クリエーター」の場合はスターを補佐する脇役はほとんど必要ないからである。

だが、クリエーターの定義を変えると、違う展望も開けてくる。二〇二一年、日本で発足した「クリエイターエコノミー協会」の代表理事によれば、ＥＣサイト構築支援のＢＡＳＥに出店する、ものづくりに携わる人もクリエーターに含まれるとされる（日経産業新聞 2021）。例えば、ケーキ職人・せんべい職人・キャンプ用品を作る金属加工業者・健康食品を売る農家などがこれに該当するだろう。あるいは、マクアケでマイクロバブル・シャワーを出品する機械加工業者や化粧筆の技術でボディブラシを作る中小企業なども、これに含まれるかもしれない。こうした独自技術をもつ職人や中小企業などが、デジタル・プラットフォームで自分のビジネスを成立させれば、ＩＴ人材かラスト・ワンマイル人材かの二極化ではない可能性も開けてくるのではなかろうか。

以上見たように、プラットフォーム・ビジネスに労働を提供する形態は、複雑な様相を帯びることとなる。まず、企業と直接的な雇用関係に入るケースがある。この場合には、労働者は、IT人材と単純労働者群（ラスト・ワンマイル人材）に分裂しやすい。第二に、企業にフリーランサーとして労働サービスを提供したり、製品を納入したりするケースがある。職務遂行にさほど複雑な技能を要しないタイプ（ラスト・ワンマイル人材）は、ここでは仕事の仕方を発注者に大方決められており、雇用関係に近い働き方をする。技術を要する製品を納める場合（ソフト開発やスマホ等へのアプリ登録）は、買い手に優越的地位の濫用を受けやすい。[*4] 第三に、インターネットを仲介とし、自らの創造的能力を生かしながら仕事を請負う仕事をするタイプがある（デジタル・クリエーター人材）。総じて、賃労働関係や労働請負関係あるいは下請関係が、異なる技能度を伴いながら複雑に交差していると言えよう。したがって、いわゆるフリーランサーの生活保障も、業務の遂行状態に合わせて、雇用関係を認定する方法と、自営業者として契約条件の公正さを独占禁止法や下請法などを適用して保障する方法とに分かれることになるであろう。

＊4　この点に関しては、公正取引委員会（2022）を参照されたい。

第3章 プラットフォーム資本主義の二類型

——米国型と中国型——

これまで、プラットフォーム資本主義を動かす競争・信用・労働の諸形態を見てきた。次に、国家形態がどのように機能しているかを見るが、それにはプラットフォーム・ビジネスで行われる情報管理に対して国家がいかなる介入をするのかが最大の問題点となる。したがって、まず、プラットフォーム資本主義における情報管理がいかなる問題を引き起こすのかを見ておこう。

一　情報処理規制の諸類型

個人情報に関する自己決定権と公益

ここでもう一度、プラットフォーム資本主義の基本的特質を確認しておこう。プラットフォーム・ビジネスは新しい情報産業である。そして、そこにネットワーク効果が働けば働くほど、情報は集積される。すると、当事者たちの知らぬ間にプラットフォーマーに個人情報が集約されることになる。プラットフォーム資本主義のこの特質にこそ、実は、社会的問題が横たわっている。それは、プラットフォーマーが膨大な個人情報を管理し、監視社会の基盤を作り上げる惧《おそ》れがあるという問題である。いわゆる監視資本主義である（Zuboff 2019; 高尾 2021）。ここから、情報を集積して利潤を上げようとするプラットフォーマーの新しい力は社会的に制御される必要がある、という問題が提起される。

プラットフォーマーの支配力を制限する要請は、二方面から出てこよう。一つは、個人情報の自己決定権の観点により個人から生じ、他は、公益保護の観点により国家から生じる。

さて、パンデミック発生以来、国家による個人・企業の活動への制限は強まる傾向が出てきた。これは、防疫の観点から外出自粛が求められたり、商業・サービス業の営業自粛が求められたりすることを指すが、それだけでなく、国民への医療品・医薬品提供確保の観点から、それらの製品の国内生産回帰を要請するところまで拡張してきた。このバリューチェーンの国内回帰への要請は、公衆衛生の観点ばかりでなく、例えば半導体生産に見られるように、技術覇権延いては安全保障の観点からも要請されるようになりつつある。このように、パンデミックを機に国家機能は強化されつつある。

さて、国家から要請されるかもしれないバリューチェーンの国内回帰は、連鎖のどこからどこまでを規制の対象にするかを決めることで実現される。つまり、対象が限定されやすく、当該製品生産の効率性とリスク分散を比較しながら決められる。

しかし、プラットフォーム・ビジネスへの制限は、これとは少し異なる。この場合は、各レイヤーに多分野の企業・団体および多数の個人が参加しているので、制限の方法としてはデータ処理を広く規制することになる。また、データ処理規制の目的が個人情報保護を含む個人の権利擁護にあるのか、いわゆる公益（安全保障・犯罪防止・違法コンテンツの禁止あるいは公衆衛生等）にあるのかによっても、規制の内容・範囲も変わってくる。

規制の方法としては、国家によるものと社会によるものとがある。後者は、例えば、基盤製品を提供するプラットフォーマーが、補完製品（アプリ等）による個人情報の追跡手段を技術的に制限する措置を講じ、それを公表することで一般利用者の支持を受ける方法が考えられる。これは、Appleがスマートフォン OS上に搭載するアプリに特定の追跡方法（例えばサードパーティ・クッキー利用）を排除するというやり方に見られる。[*1] この方法は、可能ではあるが、法的な強制力はないので、競争相手の出方次第で効果が弱まることもありうる。だが、国家による情報処理規制は、法的強制力をともなうので、きわめて効果的なものである。

＊1　まず、クッキーとは、ウェブサイトにアクセスした際に、ユーザーのブラウザに一時的に保存されるファイルで、個人を識別しうる情報を含んでいる。サードパーティ・クッキーとは、ユーザーが訪れたウェブサイトとは異なるドメインから設定されたクッキーを指す。主に広告やマーケティング最適化の目的で使用され、ユーザー行動の追跡と分析に焦点を当てている。また、この基盤型プラットフォームによる規制方法には、媒介型のプラットフォームを規制することにより、基盤型プラットフォームへ

の情報の集中をもたらすとの批判がある。

超国籍的プラットフォーム資本主義と国家資本主義

情報処理規制に関する国家の力を考慮すると、プラットフォーム資本主義にある構図が浮かび上がる。プラットフォーム上に企業・団体・個人が情報受発信を行い、国家がそれに何らかの規制を加えるという構図である。主要なアクターは四種類である。すなわちプラットフォーマー、ユーザー、サービス提供者、国家である。これらがプラットフォーム上で相互に関係を持つ。ここで、国家は、プラットフォーマーやユーザー、サービス提供者に規制を掛ける。この国家の介入がどのようになされるかに応じて、プラットフォーム資本主義は二つの類型に分かれる。一つは、国家の介入が緩い超国籍的プラットフォーム資本主義であり、もう一つは、国家の介入が強い国家資本主義である（Boyer 2020）。

超国籍的プラットフォーム資本主義は、アメリカで見られるもので、プラットフォーマーの権限は厚く守られている。彼ら（とくに消費財のプラットフォーマー）の定めるルール、長大な文章からなるクリックラップ契約は、当事者が同意したものとみなされ、民事訴訟が起きた場合は、契約内容に基づいて裁定が下される。しかし、ほとんどの人が、利用規約を読まずに、同意欄をクリックする。ズボフは、その欺瞞をまず批判する。彼女は、さらに、とくにGoogle（そしてその後に続くFacebook）を対象に、ターゲティング広告の手法を批判する。その手法の確立過程は先に示したとおりだが、そのビジネスモデルがユーザーに与える結果は、公衆の眼から隠されている。すなわち、彼らは、ユーザーが無料で提供する個人情報を当人の許可を得ることなく（というのも、得る必要がないとクリックラップ契約に記されているからだが）他の情報源と併せて、個人プロファイルを作成しており、かつ、これを匿名化して（ただしクッキーは明示して）広告情報として販売している。これは、単なるプライバシーの侵害ではなく、自らの情報を自らの意思で使うという自己決定権の侵害なのである（Zuboff 2019）。それだけではない。ズボフもフォルーハーも批判するのだが、彼ら（YouTubeやFacebookなど）は、情報を集めたいがために、どうしてもセンセーショナルな投稿（例えば、ヘイトスピーチ、フェイクニュースや残虐行為の映像）を許容してしまうのである。そして、批判を浴びると、彼らは、表現の自由を唱えたり、自らをジャーナリズムのような発行者ではなく、単なる仲介機関だという隠れ蓑を着たりする。こうしたビジネススタイルをズボフは、監視資本主義と呼ぶ。超国籍的プラットフォーム資本主義では、このような民間のＩＴ大企業の隠された監視体制が浸透してゆく。

これに対して、国家資本主義は中国で見られるもので、そこでは国家（あるいは共産党）が、プラットフォーム上でビジネスを展開する企業・団体に情報処理の規制を掛けると同時に、国家が直接情報を収集し、個人または企業・団体の行動に公益の観点から規制を掛ける。例えば、パンデミック発生時には、中国政府は広範な検査・感染者の隔離、医療資源の集中的投入を行い、対処した。さらにその後、個人のワクチン接種歴や位置情報履歴の確認により公共施設等への出入りを規制した。これは、感染力が相対的に弱く毒性が相対的に強い段階の対策としては顕著な効果を上げた。すなわち、公益のための情報規制は効果を上げた。さらに、公衆衛生だけでなく、法体系全体としては、インターネット安全法、データ安全法、個人情報保護法の体系を作って、情報管理を行っている。インターネット安全法は、データの海外移転制限や企業のデータ収集への安全保障上の観点からの国家介入を定め、個人情報保護法は、企業による個人データ収集規制が定められている（日本経済新聞 2021b; 梶谷・高口 2019）。こうした、公益のためとされる情報収集やあるいは逆に情報収集の制限は、社会での十分な討議がなされずに決定されると個人の権利や表現の自由を著しく侵害する監視体制を敷くことにもなりうる。

EUの情報処理規制

ヨーロッパでは、プラットフォーマーの情報管理に対して独自の対応策がとられてきた。目的としては、個人情報の保護を掲げ、一般データ保護規則（GDPR）を作り上げた。規制の方法としては、データローカライゼーションと呼ばれる方法をとる。これは、データセンターを国内に設置させて（そうすることにより、データを国外や域外に持ち出さないようにできる）、そこを通して監督機関が調査や是正指示を行う方法をとるものである（EU 2016ab）。

さて、情報の作成・移転・蓄積を規制する目的に関しては、さきに指摘したように、個人の権利擁護のために行われるのか、公益にとって必要と思われるために行われるのかに大別できる。EUのGDPRは、氏名・メールアドレス・クレジットカード番号そしてクッキーなどの個人情報を域外に移転させないよう規定している。これは、個人の権利擁護を目的とした制限と言えよう。他方、公益実現のために行われた規制としては、デジタルサービス法が制定された。これは、「SNS（交流サイト）や電子商取引（EC）サイトを対象に、ヘイトスピーチや児童ポルノ、海賊版の販売といった違法コンテンツや商品について、削除を含む対応を義務付ける。／広告分野では、宗教や出自、性的嗜好をもとにしたターゲティング（追跡型）広告も禁止する。ウェブサイトの表記やデザインによって、消費者を不利な決定に誘導する『ダークパターン』を禁じ、サービスの解約も加入と同様の簡単な操作でできるよう求める。違反した場合は世界の売上高の最大六％の罰金を科される可能性がある」というものである（日本経済新聞 2022a)。ここで問われているのは、バリューチェーンへの規制のように効率性とリスク分散の間の選択ではなく、自己決定権やヘイトスピーチなどとどう向き合うかといった倫理問題なのである。

ただし、企業にとっては、情報処理の承認を得る手間と経費がかかる上、かりに承認が下りなかったときはビジネス上の損害が出る。その場合、規制は、情報処理を利用してビジネスを行う企業への大きな打撃になりうる。これは、ある意味で、企業活動が社会の利益と対立しうるという、資本主義が昔から抱える問題の新しい形での出現とも言える。

寡占の規制とデジタル課税

さらに、EUは、プラットフォーム・ビジネスにおける公正な競争を担保する法律も作成した。デジタル市場法である。これは、「独占禁止法にあたる競争法の観点から、市場の寡占を防ぐ。時価総額七五〇億ユーロ（約一〇兆円）以上もしくはEU内の売上高が年七五億ユーロ以上で、月間利用者四五〇〇万人以上の企業を『ゲートキーパー』と位置づけ、特に厳しい規制対象とする。事実上、GAFAなど米IT大手に対象を絞った法律だ。／例えば、米グーグルや米アップルはスマートフォン本体やアプリ配信の基盤を他社に提供しつつ、自社もアプリや検索、決済などの機能を提供する。同法では、こうした自社サービスの優遇を防ぐため、あらかじめインストールされた自社アプリを削除できない仕様や、自社のシステム内でしか決済できない仕組みなどを禁じる。違反すれば、年間売上高の最大一〇％の罰金が科される」（日本経済新聞 2022b）。

加えて、デジタル課税への動きがある。これは、EUが先鞭を着けたが（フランスは二〇一九年に同法を成立させたが）、EU独自の法制ではなく、広く国際的に合意を得つつある法制である。デジタル課税とは、国内に支店や工場を持たない外国企業に課税できないというこれまでの国際課税の原則を見直して、「市場国に課税権を認める」制度である。

デジタル課税では、売上高や利益率が一定以上（売上高二〇〇億ユーロ超、利益率一〇％超）の「多国籍企業グループ」を対象に、当該企業の現地拠点が存在しない国でも、商品が流通する市場となっていれば課税権が認められる。基本的にはほとんどの業種がこの対象となりうるが、各国が特に念頭に置いているのはGAFAMをはじめとする巨大IT企業である。彼らは、世界中を市場にして莫大な利益を上げているが、現行の制度では、消費者が多い地域に拠点がない場合、これらの国が企業に直接課税することはできない。彼らは、電力・通信基盤や交通体系など、国家や地方自治体が提供する社会的インフラを利用しているが、その対価を支払おうとはしない。デジタル課税は、この点を是正しようとする試みと言える（日経ビジネス 2022）[*2]。

＊2　デジタル課税は、その後、特に米国での議会承認が得られない可能性が高まっていた。加えて、トランプ政権は、合意の枠組みから離脱することを宣言しており、成立が危ぶまれている。

以上見たように、ヨーロッパでは、プラットフォーム・ビジネスに対してより多くの法的制限を設けようとしている。これは、理念的には、個人的権利と公的利益を法の支配のもとに整合させようとする社会・国家観に基づいていると言える。

二　監視体制と市民社会・国家――「法の支配」の役割

ここまで、プラットフォーム資本主義の二類型の大まかな特徴を見た。と同時に、そこから派生するプラットフォーマーの情報管理に対する米中欧三とおりの国家介入のあり方をも見てきた。アメリカ政府は概ねプラットフォーマーのビジネスモデルを容認し（ただし、近年、個人情報保護の傾向が生まれている）、中国政府は規制を強化するだけでなく自らも情報収集・管理を行い、ＥＵは、個人情報保護と公益確保のための規制を強化しつつある。では、これら国家介入のあり方の違いはどのようにして生まれるのであろうか。その違いは、もちろん第一義的には国家の政策決定に依存するのではあるが、国家介入は社会と無関係に行われることはない。国家介入とそれを受け入れる社会との間には対応関係があるはずである。ここでは、それを考察する。

国家による監視の受容とそのリスク

そこでまず、規制が可視的と思える中国のケースから見てみよう。例えば、監視カメラの配置について見てみよう。梶谷・高口（2019）によると、中国人は監視カメラの設置を容認しており、時に肯定的評価を与えている。なぜなら、子供の誘拐が心配されている中国では、誘拐犯が監視カメラの映像からスピード逮捕されたりすると安心するからである。あるいは、監視カメラのせいで交通ルールを守る者が増え、交通違反が減少したからである。監視カメラ以外の例としては、先に見たように、人は、優遇措置を受けるために信用スコア制度（アリババの芝麻信用や公的機関の社会信用システム）に進んで個人情報を提供したりする。あるいは、ギグワーカー[*3]が、勤務状況をプラットフォーマーに記録されることにより信用スコアが上昇し、小口融資を受け易くなるため、それを積極的に受け入れたりする。つまり、治安が良くなる、経済的利益が増大するなどの理由で監視を受容する。これは、功利主義による受容と言える。

＊3　ギグワーカーとは、業務委託契約を結んで働くフリーランスの一種で、インターネット経由で単発や短期の仕事を請け負う労働者のこと。

では、メリットがあるから政府の規制は歓迎すべきものなのだろうか。そうとも言えない。情報が権力者に握られていると、他の目的に使用されるリスクがある。例えば、シンガポールでは、新型コロナ感染接触履歴情報が犯罪捜査にも用いられると、後に追加表明されたりした（日本経済新聞 2021a）。中国では、支払い拒否の地方銀行に対して預金者がデモを行ったところ、参加者のスマートフォンに内蔵されている電子通行証（コロナ対策で携帯が義務づけられている）のいくつかが突然公共施設立ち入り不許可を示す赤色に変わった（日本経済新聞 2022c）。これらのことは、情報の利用目的が明確に制限されていない場合によく起きる。このことは、権力者も同じルールに縛られるという「法の支配」の概念が欠落または希薄であることを示していると思われる。

「法の支配」と道徳的判断

この法の支配の概念は、市民社会における公共性が国家をつくるという概念と深く結びついている。それは、西ヨーロッパで生まれた。中世では君民、聖俗をともに拘束するキリスト教が支配したが、その後、政教分離が起こり、近代市民社会が成立した。そこでは、宗教的統合は法の世界から排除されたが、その法が、宗教に代わり、政治・軍事・経済・社会生活を統合し、統治者と被統治者が同じルールに縛られるという体制(法の支配)を成立させた。この西ヨーロッパ生まれの概念は、大航海時代後半から産業革命までの時代に商船と軍艦により運ばれ、徐々に世界で支配的な地位を獲得していった。

ところが、乾燥と湿潤、草原と農耕、遊牧・定住および商業という多元的な世界が混在してできたアジアの社会の歴史においては、そうした住民全てを拘束するイデオロギーは生まれなかった。この歴史を踏まえると、アジア地域には法の支配という概念が広く住民に普及していくのは難しい(ただし、閉鎖された農業空間=村落共同体を形成した日本は、その可能性を多く持っていた)。[*4] その代わり社会における対立を調停するのは、個別的案件に通じ、双方が納得しやすい判断を示せる道徳を身に着けた者ということになる。ここから、アジアでは普遍的なルールである法よりも個別事情に対応した道徳的判断が重んじられる。したがって、プラットフォーマーが握る個人情報の管理を法(一律のルール)により制限することは、アジアでは難しく、道徳を体現したと擬制される政府がそれを行う、という判断が受け入れやすくなる。[*5]

＊4　この点に関しては、岡本(2018)、寺田(2018)を参照されたい。

＊5　この点に関しては、梶谷・高口（2019）を参照されたい。

消費者の幸福か、市民の幸福か

しかし、複雑な話だが、法の支配の有無がすべてを決めるわけではない。法の支配が当然視される社会でも、功利主義的態度によって、逆に、規制を求めないことが起こりうる。例えば、無料サービスを得られるなら、個人情報を与えても構わないという中国で見られたのと同じことが起こる。これは、市民としての立場より消費者としての立場を優先したことの表れでもある。ただ、法の支配が是認されているところでは、自己の情報管理を自分で決定するという自己決定権を求める要求は潜在的には常に存在する。だからこそ、そういった権利行使が立法化されないよう、米ＩＴ大手はロビー活動に莫大な予算を割く[*6]。

ただ、アメリカに関して言えば、それを覆す可能性もまた存在する。米独占禁止法の独占判定基準は一九七八年以来、短期的価格が下がらないこととシカゴ学派によって解釈されてきた。しかし、後に三二歳で米連邦取引委員会委員長に就任する若き法学者リナ・カーンは、合併の是非を決める尺度は、消費者の幸福ではなく市民の幸福を用いるべきだと主張したのである（Foroohar 2019）。こうした主張は、個人情報の管理についてはなおさら妥当するであろう。加えて、大手プラットフォーマーがいないヨーロッパでは、個人の権利を擁護する法的手段がとられやすい。法の支配の概念は、すべてを決めるわけではないが、必要な条件ではある。

＊6　この指摘はZuboff（2019）に見られる。

さて、現状を見れば、インターネットを介したプラットフォーム・ビジネスは、グローバルな展開を見せている。法の支配の概念の定着が見られる世界でも、そうでない世界でも、世界中が同じような体験をしている。とは言え、プラットフォーム資本主義は、今のところ二類型に分かれている。だとすると、プラットフォーム・ビジネスが保有する個人情報の管理の仕方も、当面は、法の支配のもとに置く方式（欧米型）と道徳体現者と擬制された国家の支配のもとに置く方式（中国型）の二つが並立することになるだろう。この二つの方式は、相乗りすることは難しい。ただし、世界で共通のルールを形成する機会が全くないともいえない。この議論の行く先は、国際的な場面では、大国ではない多くの国の判断がカギを握るかもしれない。流れはまだ決まっていない。

第4章　西欧型資本主義とその歴史

先にプラットフォーム資本主義の二類型における監視体制の違いを、「法の支配」の受容度に沿って概観してみた。法の支配の思想は、近代的市民社会の形成とともに生まれた。とすれば、この近代市民社会論を手掛かりに二類型の社会形成史をも概観してみる必要があるだろう。と言っても、最終的到達点がプラットフォーム資本主義であるので、ここで当面必要なのは資本主義形成史である。

そこで、本章と次章で、アメリカ型の基礎となる西欧型資本主義と中国型の基盤となる中国資本主義の歴史を概観することとしよう。それにあたっては、いくつかの理論的視点を設定して、その観点から専門家の研究成果を参照しながら歴史をみることにする。

一　資本主義をいかに定義するか

差異から利潤を生み出す

理論的視点の第一は、資本主義の定義から始まる。ここまで資本主義という言葉を定義なしで使ってきた。しかし、資本主義の歴史を考察するには、その定義をしておく必要がある。ここでは、少数派の定義ではあるが、岩井克人の定義をとることにする。資本主義とは、複数の価値体系の差異から利潤を生みだす運動のこととされる（岩井 2006a）。定義が抽象的なので具体例を挙げると、遠隔地貿易における二地点間に生じる生産物の価値の差がわかりやすいだろう。例えば、東洋における香辛料の価値は、西洋では非常に高いとする。するとこの商品を東洋から西洋に持ち帰れば莫大な利潤が生まれる。この利潤をもたらす行為の連鎖を資本主義という。この場合は、商業資本主義と言われるものであり、社会全体を覆うものではなく、別の経済制度、例えば封建制と共存していた。つまり、資本主義は、産業資本主義より以前から存在していた。ここが多数派の定義とは異なる。同じような言説は、フランスの歴史家ブローデルにもみられる。彼は、資本主義は市場経済を前提に存在するが、ある種の独占力を行使し高い利潤を得るもの、としている。あるいは、生産者と最終消費者の間に設ける「流通の領域」に資本主義は生まれる、とも言う（Braudel 1985）。岩井の定義を使うと、資本主義は、差異の主要な発現形態に応じて時代区分をすることができる(これを利潤源泉別時代区分とよぼう)。それが、商業資本主義、産業資本主義、情報資本主義である。

商業資本主義では、地理的遠隔地間における価値の差異が主要な利潤の源泉となる。産業資本主義では、実質賃金率（時間当たりの賃金）と労働生産性（時間当たりの付加価値）の差が主要な利潤の源泉となる。この時、労働者は労働市場のみに参与できるが、企業家は、労働市場に加えて、生産過程を支配しているために生産物市場にも参与できる。言い換えると、ここに、社会構造的な差異が生じる。情報資本主義では、企業間で生じる情報の差異、あるいはもっと広くはイノベーション（革新）により生じる差異を主要な利潤の源泉とする（岩井 2006a）。[*1] 革新による差異は、いわば現在の生産性と将来の生産性の差、地理的差異に代わる時間的差異である。

*1　ただし、岩井は情報資本主義という言葉はほとんど使っていない。彼は、むしろポスト産業資本主義という語を使うのが普通である。したがって、情報資本主義とは筆者が翻案して使っている言葉である。

資本主義の類型の併存

ただし、この時代区分においては、ある時代には別の資本主義が一切存在しないということではない。産業資本主義の時代に商業資本は存在するし、情報資本主義の時代に産業資本は存在する。あるいは、後に見るように、現代は、世界全体では産業資本主義と情報資本主義が併存・融合する時代の様相を呈している。また、そもそも、産業資本主義においても革新は存在しているし、現在でも、観光業などは地理的差異を利潤の源泉としている。したがって、この時代区分は、あくまでも、資本の**主要な**利潤源泉に焦点を当てたものであり、いずれかの資本

表5　西欧型資本主義・利潤源泉別時代区分概念図

	商業資本主義	産業資本主義	情報資本主義
支配的時代	15〜17世紀	18〜20世紀	21世紀
主要な利潤源泉	地理的差異	社会構造的差異	イノベーションによる時間的差異
主要産業	遠隔地貿易 観光業	製造業	情報産業
主要技術	航海術 複式簿記	機械、エネルギー	情報通信技術

形態が**特定の地域（この点が重要）**で支配的な位置を占める期間を意味しているにすぎない。以上の時代区分を概念図で表せば、**表5**のように描ける。

これに付け加えて、本書ではより詳細な時代区分をも用いる。それは、レギュラシオン派やポランニーが用いている制度的時代区分である。それは、各時代が有する制度に応じて経済社会体制が異なるとする認識方法に基づく。具体的には、戦間期を境にして起こる自己調節的市場から社会の自己防衛体制への転換（ポランニー）、あるいは「外延的蓄積体制」から「内包的蓄積体制」への転換（レギュラシオン派）といった時代区分である。この方法は、第2章で概説したように、プラットフォーム資本主義を構成する制度諸形態の分析でも、すでに使われていた。以下ではまず、大きな時代区分として利潤源泉別時代区分を用い、その後により細かな時代区分には制度的時代区分を用いる。

まず、利潤源泉別時代区分にしたがって西欧型資本主義形成史をみてみよう。

二　商業資本主義——遠隔地貿易から重商主義国家へ

資本主義成立と国家の役割

商業資本主義は、様々な地域でみられる。しかし、ここでは地中海地方（とくにイタリア）をも含んだヨーロッパの商業資本主義に対象を限定する。[*2] なぜなら、ヨーロッパの商業資本主義こそが、世界を資本主義システムに引き入れ、やがて産業資本主義を最初に発展させた地域のそれだからである。そして、やがて登場する産業資本主義こそが、より急速に資本主義を世界規模に広げたからでもある。今日みられる米中資本主義の対立構図も、この延長線上にあると思える。

＊2　大航海時代以前は、地中海地方は、ヨーロッパというよりむしろオリエントであった。飯塚（1963）、岡本（2018）を参照。

世界規模での資本主義の生成を論じる世界システム論によれば、資本主義の拡大は、大航海時代から始まる。[*3] そして、ヨーロッパ諸国は、大航海時代以降、アジア圏や環大西洋経済圏（ヨーロッパ、アフリカ、南北アメリカをつなぐ経済圏）との交易により大きな経済的利益を得ると同時に、世界における政治的支配権をも得た。われわれは、この見方に、国家のあり方が資本主義形成を積極的に促進したという視点を付け加える。国家のあり方とは、さしあたり法形成の枠組み（法の支配）と政策形成主体（商人および産業家）の確立を意味する。なお、政策形成の中身は、主に重商主義である。[*4]

＊3　この歴史の見方は、直接的にはウォーラーステインが展開したものであるが、彼はブローデルの世界＝経済論から大きな影響を受けている。また、同様の指摘は中国史家にもみられる（岡本 2018）

＊4　ここでは重商主義を、絶対王政下のそれと名誉革命以降のイギリスの保護主義政策体系との双方を指すものとして使う。

ヒックス『経済史の理論』は、国家の役割として、新しい取引においても通常の法的諸制度により安全に遂行させることを挙げている（Hicks 1969）。後に見るように、これは法の支配を意味するといえる。

また、国家と資本主義の関係について歴史家ブローデルは、「近代国家は、資本主義を助長することもあれば、阻害することもあるし、その拡張を放任することもあれば、その原動力を打ち砕いてしまうこともある」とした上で、「資本主義は、それが国家と一体化するとき、それが国家であるときにのみ、栄える。その最初の繁栄期、ヴェネチア、ジェノヴァ、フィレンツェといった都市国家において権力を握っていたのは、商業エリートだった。一七世紀のオランダでは、執政官であった貴族階級は、実業家、大商人あるいは出資者の利益にそうように、時には言いなりに統治していた。イギリスでは一六八八年の革命〔名誉革命〕が、同様に、オランダ風商業の到来を告げた」という（Braudel 1985）。ここには、ヨーロッパにおける都市国家と国民国家が資本主義の発展を促した様が要約してある。その詳しい内実を幾人かの歴史家の分析から見ておこう。

商業革命と法の支配の成立

ヨーロッパでは、一五―一六世紀にポルトガルやスペインで、一六―一七世紀にはイギリス、フランス、その後プロイセンで絶対王政が成立した。これら絶対王政の成立期に新しい航路が発見され、各国商人は利益を求めて海外貿易に乗り出した。この時期起こった商業の大変革を商業革命という。そこでは、①商業圏のアジア・新大陸への拡大、②中心地域の地中海沿岸から大西洋沿岸への移行、③都市金融システムの形成、④新大陸銀の大量移入による物価上昇（価格革命）が起こった。各国は、王位継承権に絡めながら、商業から生じる利益の独占を求めて、しばしば諸国間戦争を起こしていた。

世界システム論を批判的に継承するエリック・ミランの『資本主義の起源と「西洋の勃興」』によれば、イタリアなどの都市において商業エリートが政治権力を掌握できた理由は、その商業的富の蓄積と貴族階級の（中国などと比較した）相対的な貧しさにあった（Mielants 2007）。ヨーロッパの君主たちは、やがて徴税権を議会により制限されるのであるが、それ以前から、その相対的貧しさゆえ、商人からの借り入れなしには戦費を賄うことはできなかった。

その中で商業の主導権は、ポルトガル、スペイン、オランダ、そしてイギリスへと移っていった。

そのイギリスの商業革命（一七世紀中期）では、①貿易量の劇的増大、②貿易圏の拡大（アメリカ、アフリカ、アジア）、③取引商品の変化すなわち毛織物以外の「雑工業製品」（繊維製品等）、植民地物産の再輸出品（タバコ、茶、砂糖など）の台頭が起こった（川北 2016）。ここに、貿易商人 merchant の台頭と産業資本家の萌芽が見られる。このことは、イギリスが最終的に世界の覇権を確立する経済的基盤を徐々に形成していったことを意味した。しかし、これだけでは諸国間戦争に勝ち残れるわけではない。強力な軍事力が必要であったし、それを可能にする財政システムの確立が必要であった。これを可能にする国家体制は、財政＝軍事国家といわれる。

先に見たように一七―一八世紀ヨーロッパは、国家間戦争を断続的に行っていた。これに必要な軍事力の強化は、火器の採用と軍事力の組織化であった。このため、戦費調達には莫大な額を必要としていた。当時のイギリスは、他国に比べて膨大な戦費を用意できていた。政府はこれを間接税を中心に賄っていた。これは、中間層（ブルジョア）に多く税負担を求めるものであり、地主や下層民の負担は相対的に軽かった。このことは、とくに地方の地主階級の大きな反対を呼び起こさずにおいた。他方、中間層は、戦費の増大そのものは不可逆的と捉え、この負担に大きな抵抗を見せなかった。なぜなら、そこには一種の歯止めの機構があったからである。それが、名誉革命後の立憲君主制における議会の行政への監視であった。[*5] ここに、権力者も議会の決めた法に従うべしという、**法の支配の精神**が成立したとみていいだろう。

＊5　この間の事情については、Brewer（1989）に詳しい説明がある。

商人たちの政治権力拡大

法の支配という観点からは議会と税制の関連が重要視されるが、外部からの借り入れに関しても大きな変化があった。イングランド銀行の創設による信用制度の整備が、国債の発行という手段を政府にもたらした。イングランド銀行の設立が、議会制度確立とともに膨大な戦費の調達を可能にしたのである。

都市において政治権力を掌握した商人たちは、やがて国家においても貸し付けや議会を通じて実質的に政治権力を手に入れていった。[*6] こうして権力を得た貿易商人は、自分たちの利益に沿う政策を国家に実現させていった。こうした政治へのかかわり方が、ヨーロッパの商人とその他地域（中国やインド等）の商人たちの違いであった。この違いが、ヨーロッパを近代世界システムの中心に据える道を開いたとされる。[*7] ちなみに、彼らが推し進めた政策が、重商主義政策であった。それは、国内産業の保護や贅沢品の普及を阻止するための輸入制限であったり、輸出（織維製品などの雑工業製品やタバコ・茶・砂糖などの再輸出品）の保護や特許の付与であったりした。この保護主義政策の中身が、産業資本家たちの育成につながるにつれ、産業資本主義が形成されていくようになり、政策も自由貿易主義に変わっていった。

＊6　Brewer (1989) によれば、議会に加えてロビー活動が、ブルジョアの要求を通す手段となっていった。

＊7　この点、Mielants (2007) が強調するところである。また後に見るように、中国史家からも同様の指摘がある（丸橋 2020）。

三　産業資本主義——供給主導の規模の経済

産業革命の進展

産業資本主義成立の基底には、産業革命の進展があった。その産業革命を世界システムの中で捉えなおせば、輸入代替工業化という性格が見えてくる。

一七—一八世紀のイギリスは、環大西洋経済圏とアジアから砂糖、茶、綿織物などを輸入し、生活スタイルを変えていた（紅茶に砂糖を入れる新しい生活習慣など）。しかし、インドから輸入する綿織物は、上質であったが価格は高かった。それに、当時のイギリスの主要工業品である毛織物の市場を侵食していた。そこで、この綿織物を自国で生産する動きが出てきた。やがて、この自国生産の綿織物を効率的に産出する技術が、開発された。紡績機や自動織機である。こうして、綿織物を起点とした産業革命が進んだ。*8 これは、遠隔地貿易を営む商人が依拠していた地理的差異の優位をやがて覆し、さらにそれを凌駕しようとする産業資本家の経済活動の成果であった。商業資本優位の時代から産業資本優位の時代へと移っていった。

＊8　産業革命を輸入代替化とみる議論は、世界システム論を展開する川北（2016）が展開している。ま

た、アジア史から世界史を見ようとする岡本（2018）にも同様の見解が見られる。

利潤の源泉

産業革命は、技術的には新エネルギー源＝石炭の利用と鉄の大量生産によって、社会的には新労働力源（離農村民、女性、児童など）の利用によって成し遂げられた。岩井克人の定義を今一度思い起こせば、産業資本主義では、労働者の実質賃金率と商品の労働生産性との差異が利潤をもたらす。ここで、実質賃金率とは、時間当たり賃金を消費者物価で割ったものであり、労働生産性とは、商品の総付加価値を総労働時間で割ったものである。労働者は労働市場のみに参与できるが、企業家は、労働市場に加えて、生産過程を支配しているために生産物市場にも参与できる。彼らは、非常時を除いて、利潤を得られる価格で売ろうとする。ここに、社会構造的な差異が生じる。利潤の源泉もそこにある。

しかし、追加の差異も生じる。産業資本主義内では、個別企業間の競争から生産物や生産技術の差も起きる。つまり、革新による差異が生じる。この差は、いわば現在の生産性と将来の生産性の差、地理的差異に代わる時間的差異である。[*9] これが平均利潤を上回る超過利潤と認識される。

＊9　岩井（1997）はこの事実を指摘するが、この特徴をポスト資本主義の特徴として括っている。この理論的単純化は、時代区分を目的にしたものというよりも類型の違いを際立たせようとする意図から生じたものと思われる。

注意しなければならないのは、これらの革新が主として供給サイドから起きるということである。初期の機械制大工場やその後の装置の効率化・巨大化、フォードシステムに見られるような企業内分業とそれに誘発される企業間の分業の深化などは、その代表的な例である。これらが規模の経済効果を生み、労働生産性を引き上げる。この点が、後に見る情報資本主義との違いである。

ポランニーの指摘した「大転換」

実質賃金率と労働生産性の差から利潤が生まれる産業資本主義では、この労働生産性の引き上げは、実質賃金率にどのような変化をもたらすのか、あるいはもたらさないのか？　大きな需給ギャップを引き起こしうるこの問題を、市場も含めた制度の問題として最初に取り上げたのが、おそらくポランニーであろう。

ただし、彼は、労働生産性と賃金との関係は取り上げていない。その代わりに、一九四四年に初版が書かれた『大転換』において、次のように指摘する。一九世紀に生まれた「自己調整的市場」の概念を労働・土地・貨幣の領域にまで浸透させた経済的自由主義の時代は、自己崩壊を防ぐために主要な領域で保護主義を生み出す時代へと変わった。この場合の保護主義とは、労働領域での社会立法、土地で土地立法・土地課税（ただし、地主は市場に妥協してゆく）、貨幣領域では対外的には金本位制をとるものの国内的には中央銀行を創設したことを指す（Polanyi 1957）。この大転換は、労働・土地・貨幣に関する制度の転換と捉えることができる。この制度転換の理論的枠組みが、後の制度経済学に影響を与える。

制度経済学の一潮流・レギュラシオン派は、この枠組みを応用して、外延的蓄積体制から内包的蓄積体制への転換を摘出した。外延的蓄積体制は、労働生産性の上昇に賃金上昇が伴わない体制であり、内包的蓄積体制は、労働生産性上昇に賃金率が連動する体制である。それぞれの蓄積体制は五つの制度諸形態を媒介にして、再生産を維持する。五つの制度諸形態とは、貨幣レジーム、競争形態、賃労働関係、国家、国家の国際体制への挿入である。[*10]

＊10　レギュラシオン理論に関しては、すでに多くの解説書が出ている。ここでは、当該理論の創設者の一人、ボワイエの著作、Boyer (2015) を挙げておく。

こうして、産業資本主義は、その内部で外延的蓄積体制から内包的蓄積体制へと移行する。

さらに、今日の議論の大勢によれば、新自由主義のイデオロギーをまとった金融資本主導型成長体制に移行するといわれている。これらの時代区分を本書では制度的時代区分とよぶ。

消費需要の多様化と労働生産性向上という課題

内包的蓄積体制は、大量生産と大量消費が両立する時代と言える。この両立は、金融主導型成長体制においても続く。ただし、消費需要が徐々に多様化してゆく。実はこれが、産業資本主義が抱える大きな問題となっていく。

大量生産・大量消費が進むと、需要の多様化が生じてくる。これに供給側は対応を迫られ、生産体制の変更が求められる。こうした兆候は、すでに、一九二〇年代のアメリカで見られた。GMによる自動車のモデルチェンジ戦略がそれである。自動車がアメリカ大衆に行きわたり始めると、それまで売れていたT型フォードは飽きられるようになった。そこで、GMの経営者スローンは、自動車にモデルチェンジ戦略を持ち込んだ。これが効を奏し、GMは売上高でフォードを追い越したと言われている。継続的な少品種大量生産にこだわったフォードは、時間的流れの中で多品種少量生産を行ったGMに抜かれたのである。

こうした先駆的な兆候は、二〇世紀の終わりには、かなり広範にみられるようになる。その結果、製造業では、少品種大量生産から多品種中少量生産への変更圧力が強まっていく。

この流れにトヨタはうまく適応したと言える。戦後直後からアメリカの大量生産方式を導入したトヨタは、しかし、アメリカほど市場が広くないことを踏まえて、「多種少量でも安く作る」ことを心掛けた。そうして生まれた戦略の一つが、ジャストインタイム・システムである。これは、フォードシステムとは異なり、後工程が生産計画を立て、前工程に指示を出す生産方法である。こうした方法により在庫を減らし、費用を削減した。[*11] 同時に、この方法は、需要の状況を定期的に後工程が調査し、それをもとに中期的生産計画を修正することを可能にする。こうした生産計画修正により、迅速に需要に対応できる生産体制を構築できた。しかし、トヨタ生産方式で完全に需要への対応ができるわけではない。より迅速でより柔軟な対応が、なお、求められる。

＊11　トヨタ生産方式の説明は、トヨタ自動車工業副社長でこの方式の考案者とされる大野耐一の『トヨタ生産方式』（1978）に詳しい。

他方、製造業における労働生産性の上昇と需要の多様化に応じて、サービス経済化の傾向も強まる。[*12] 労働生産性の上昇により製造業での省力化が進み、労働力がサービス部門に移動すると同時に、サービス部門が需要の多様化に対応しやすいためである。しかし、サービス部門は、顧客に応じてサービス内容を変更したり、一度に多数の顧客のニーズに応えにくかったりするため、製造業ほど生産性が上がりにくい。

＊12　サービス経済化は、サービス部門の比率増加と物的労働に比べて非物的労働（サービス労働）の増加の二とおりがあるが、ここではそれをサービス部門の相対的増加とする。

こうして、製造業とサービス産業を含めた供給側には、需要の多様化への対応と労働生産性の向上という二重の課題が浮上する。これを解決しないと、実質賃金率と労働生産性の差異を源泉とした利潤獲得に支障をきたすことになる。この課題解決に利用されるのが情報化である。

四　情報資本主義――需要主導の新エコシステム

「情報」の有効性

まず、需要に応えるためには、需要がどこにあるかを知ることが必要である。すなわち、需要情報の収集・分析が不可欠である。それに対して、情報のデジタル化とデジタル情報の処理技術はきわめて有効に働く。

ただ、情報処理技術と産業の関連は、必ずしも需要情報においてのみ結びついていたわけではなかった。もっと多方面の利用が想定されていた。それは、情報が生産過程に入るとき、どの産業にも投入可能なジェネラル・インプットの生産要素として役立つ性質をもっているからである。モノを生産要素とする場合は、生産の流れに沿って特定の序列ができるし、各産業は相対的に自立しながら関連しあっている。つまり、バリューチェーンが形成される。これに対して、情報は、エネルギーと企業向けサービス同様に、例えば、通信・製造・商業など、どの産業にも共通のインプット（例えば、文書・各種ソフトウェア・財務諸表・顧客リストなど）として投入される性質を備えている。

また、ジェネラル・インプットとしての情報を投入する場合は、アウトプットも幾通りかの種類を作ることも可能となる。仮にそれらを一覧表に示せば、先に示したレイヤー構造が出来上がる。さらに、情報がデジタル化すれば、広範囲に迅速でしかも低コストな情報の利用が可能となる。結果、迅速なフィードバックによる情報分析の深化、産業の枠を超えた情報連結のシナジー効果、情報共有による信頼創出などが期待される。

そこにインターネットが普及し、情報はデジタル回線を通して瞬時に移動できるようになった。そして、インターネットを通して、さまざまなサービスが提供されるようになった。この時、サービス仲介者は、単なる情報流通の結節点（ノード）を有するのではなく、情報の蓄積拠点＝データベースを有するのである。これが情報分析の質と量を加速した。データベースを持てば、データの収集と分析・加工を行える立場に立つことを意味する。ここに、プラットフォーム・ビジネスが誕生する。

情報の保護と処理の必要

分析で得られた情報は、企業内で生産工程の合理化や組織間での連携強化に役立たせることができる。また、企業外部との関わりでは、需要分析を通して、取引先需要にマッチした商品提供にも役立たせることもできる。ただ、その場合、新たな情報を資本主義のシステムに載せるのには、その情報が、他では得られないものでなければならない。差異がなければ利潤を生まないからである。そのためには、得られた情報を無断で複製することを阻止することが必要となる。無断複製の阻止は、一つには、知的財産権を設定し、法的システムを通して行われる。あるいは、得られた情報がデジタル化されている場合には、それを暗号化して指定された者にのみアクセスを許可することでも可能である。

これらは、出来上がった成果を保護する方法であり、明確に認識できる。難しいのは、有益情報を作るプロセスをどのように囲い込むかである。有益情報を作るには、データを収集し、データベースを作り、データを分析・加工するプロセスが必要である[*13]。ここで注目すべきは、収集されたデータベースをいかに加工・処理し、それを囲い込むかという点である。

*13　このプロセスに人も関わる。プロセスを囲い込むには、そこに関わった人を競争相手に引き抜かれないようにすることが必要であるが、この問題はここでは扱わない。

データベースに集められたデータは膨大な量になるので、通常、これをアルゴリズムにかけて一定の秩序ある情報群にまとめ上げる。アルゴリズムがどのような作業を行うかによってデータの有益性の精度が決まってくる。例えば、検索アルゴリズムでは、検索の精度を上げるために、検索意図の把握、検索クエリとウェブページとの関連性、コンテンツの品質、ユーザーにとっての使いやすさ、検索者の現在地や検索履歴などを評価要素として、検索結果を有用性の高いものから順に表示すると言われている。この検索アルゴリズムのロジックについての正確な情報は、公開されていない。それこそが他との差異を形成しているからである。しかも主要なアルゴリズムは特許で保護されている。法的防衛も重要であるが、差異を維持するために、アルゴリズムのロジック情報を公開していないことが、より重要である。このことにより、確実に差異を維持し、競争力を保っているのである。つまり、ビッグデータの処理方法をブラックボックス化することで、他との差異を形成するのである。

需給のマッチングとその効果

先に見たように、プラットフォームが外部に開かれている場合、いくつものレイヤーが並べられ、利用者はその中から好みのレイヤーを選択できる。レイヤーが並ぶためには、それ以前に、アルゴリズムなどにより情報が整理されているのである。その上で、利用者によるレイヤーの選択を通じて、需給のマッチングが行われる。結果、新たな経済圏（エコシステム）が生まれる。これは新しい産業集積の形成といえる。豊かさが広く行き渡ってきた産業資本主義後半の段階になると、個別ニーズの違いを認識しなければ需給マッチングが果たせないようになり、情報の伝達にもとづく新経済圏の登場は必然だったといえる。これにより、先に指摘した二つの課題のうちの一つ、需要の多様化への対応はなされたことになる。

需給のマッチングにともなって、もう一つの経済効果が働く。先に見たように、ネットワーク効果による規模の経済である。これは、産業革命期に始まった供給サイドのイノベーション（大量生産技術）による規模の経済に対して、需要サイドのイノベーションが牽引する規模の経済と呼ばれる（Parker *et al.* 2016）。需要サイドのイノベーションとは、具体的には、デジタル・ネットワークの形成、各種アプリの開発、アルゴリズムを用いた膨大な情報処理などをもとして、個別ニーズに対応しながら全体としては大規模な需要喚起を促すイノベーションを指す。

これにより個別化された需要と供給がマッチングされると同時に、モノであれば無店舗販売などを通して、またサービスであれば定額支払いなどを通して、個別企業レベルでの商品・サービスの全体供給量が増える。結果、規模の経済が働く。規模の経済が働けば、たとえサービス産業であっても労働生産性は上がる。これで、課題の二つ目、労働生産性の上昇も解決される。したがって、個別需要への対応こそが、産業資本主義とは異なる情報資本主義の機動力となるのである。

情報資本主義の二つの特性

この情報資本主義に関して、二つのことを補足しておこう。一つは、需要主導のイノベーションはフォーディズム（内包的蓄積体制の代表例）とは性格を異にする、という点であり、二つ目は、情報資本主義下では、いわゆる「利潤のレント化」（利潤とレントの境界が不明確になること）が見られるが、これは、資本主義の変容を表してはいるが、資本主義原理を変えるものではない、ということである。

フォーディズムにおいては、生産性上昇に連動した賃金上昇が消費需要を喚起し、その意味では、需要主導の蓄積体制が成立しているといえるが、そこにおいては、多様化した需要は想定されていない。新製品が供給されれば、所得の高い者から購入していき、やがて需要が増加すれば、規模の経済によって生産性も上昇し、価格が下がり、同じ商品がさらに購入される、という経路を形成する。ここでの需要を引き起こす商品は、基本的には大量生産されたものである。しかし、情報資本主義下では、この需要内容が多様化しており、供給側はそれに対応する必要がある。この点で、フォーディズムの需給体制とは異なる。フォーディズム形成が産業資本主義内の構造変化であるのに対して、ここでは、産業資本主義からの構造変化がみられるのである。

次に、情報資本主義では、商品提供における知識や技術などの無形資産の貢献度が高くなり、利潤と直接的生産過程との関わりが認識されにくくなるという現象を考察しよう。プラットフォーム・ビジネスでは、第2章第一節でみたように、特許料、手数料、出店料、会員費、広告料という形で収益を受け取る。これらは、何らかの希少資源の使用料を意味するレント（あるいは準レント）とみなされる。もともと、情報資本主義における差異は、革新（イノベーション）から生まれると定義されていた。革新から生まれる収益は超過利潤であり、準レントとみなせる（八木・宇仁 2003）。だが、革新は産業資本主義でも起こっているので、そこから生まれる差異は、情報資本主義固有の利潤源泉とはいえない。現実には、産業資本主義下でもレントあるいは準レントが存在している。これに対して、情報資本主義では、主要な利潤源泉が革新による差異なのである。そして、この主要な利潤源泉の創出プロセスは、プラットフォーマーの使用するアルゴリズムのロジックがブラックボックス化されていることに象徴されるように、一段と不明確になっている。この点で、革新による利潤といっても産業資本主義における革新とは、人々の認知に与える影響は異なると考えられる。ここに資本主義の変容の一端が見られる。しかし、このことは、資本主義が複数の価値体系の違いから利潤を獲得するという原理そのものを修正するものではない。[*14]

＊14　利潤のレント化に関しては、筆者と立場は異なるが、佐々木（2024）、山本（2021）も有益な論理を展開している。

以上のように、情報分析が利潤を生む主要な源泉となるならば、産業資本主義の後に来るのは、情報資本主義の時代と言える。そして、インターネットを介したサービスの登場は、情報の収集・蓄積・分析を加速する。それにより生まれる体制が、プラットフォーム資本主義である。それは、情報資本主義の最新段階といえる。

こうしてプラットフォーム資本主義は、まずは米国で、次に中国で、以前とはタイプの異なる資本主義として成立する。そこで次には、中国型プラットフォーム資本主義を成立させている中国社会の歴史を概観することにしよう。

第5章

中国社会と資本主義形成

一　中国の商業資本主義

生態学的・地理学的基盤の違い

中国の資本主義形成についても、ヨーロッパ同様、商業資本主義から始めるのが適切であろう。以下見るように、商業資本主義における国家と商人との関係がヨーロッパとは異なり、そのことが原因で近代資本主義の形成が遅れたからである。

しかし、その前に、アメリカ大陸を除き、西欧（そして日本も）とその他の地域の生態学的・地理学的違いをもう一度確認しておいたほうが良いだろう。先にも示したように、西欧以外の地域では、乾燥と湿潤、草原と農耕、遊牧・定住および商業という多元的な世界が共存しており、時として大きな帝国に政治的に支配されていた。それゆえ、権力と民間、政治と経済はそれぞれ別の主体（民族や地域）が担っており、共通の法を抱くことはなかった。これに対して西欧では、草原と遊牧を欠いた一元的な世界となっており、権力（政治）と民間（経済）は同じ宗教または同じ法を共有していた。また、政治的領土の範囲は、中国、イスラム、インドなどと比べて、相対的に狭く、近世においては諸国間での戦争がしばしば行われていた。先に見た通り、「法の支配」は、こうした社会的背景から生まれる。この違いを押さえておかないと、商業資本主義における国家と商人の関係の違いも理解できない。[*1]

＊1　こうした指摘は岡本隆司（2018）にみられるが、もともとは、梅棹忠夫（2002）が唱えた「文明の生態史観」による。他に飯塚浩二（1963, 1964, 1971）にも似たような見解がみられる。

国家と商人との関係

先に見たミランの『資本主義の起源と「西洋の勃興」』によれば、イタリアなどの都市において商業エリートが政治権力を掌握できた理由は、その商業的富の蓄積と貴族階級の（中国などと比較した）相対的な貧しさにあった。ヨーロッパの君主たちは、その相対的貧しさゆえ、商人からの借り入れなしには戦費を賄うことはできなかった。それに比べて中国の皇帝たちは、「その歴史の大半を通じて、国庫の大半を土地への課税から引き出してきたのであり、またその経済は基本的に自給自足的だったのである。ゆえに中国の国家は、重商主義時代のヨーロッパの都市国家やそこから派生した国民国家のように、商人を支援する内在的な必要性を持たなかったのである」（Mielants 2007）。明代に限って言えば、政権の対外政策は朝貢貿易であり、貨幣主義を排し、現物主義を貫こうとしていた。貿易量を増やしていった商人たちは、いきおい密貿易に傾斜していった（岡本 2013）。このような商人と国家権力の関係の違いは、一方（ヨーロッパ）には、取引費用、輸送費用、安全保障の費用を最小化し、信用体系を整備するのに役立ったのに対して、他方（中国）には、それらの特典を享受できず、自分でできる範囲内で商売の成功を摑むしかない状況に置いたのである。

同じような指摘は、日本の中国史家にもみられる。丸橋充拓『江南の発展――南宋まで』によれば、「中国の大商人は西欧近代化の担い手となったブルジョアジーにはなりえなかった。……日本や欧州が身分職業ごとに権能を分け合う社会であるのと大きく異なり、中華帝国では官僚になれば政治力・経済力・文化力すべての社会的威信を総取りすることができた。……したがって富商たちは……国家権力の一角に食い込み、国家機構内で上昇することをまずは目指した。前近代中国の経済的成功者から国家権力を掣肘する動機を持った身分団体は生まれなかったのである」（丸橋 2020）。宋代以降制度化された科挙試験がこれを可能にした。これではブルジョアジーの自立は図れないし、資本主義の形成も進まない。

成立しなかった「法の支配」

おそらくこれに、軍事力強化の違いも加わったと考えられる。先に見たように、一七―一八世紀のヨーロッパでは財政＝軍事国家が形成されていた。諸国は戦争をしながら軍事力を強化していった。これに対して中国は、遊牧民との戦闘や農民の反乱はあったものの、相対的には安定した社会秩序を形成していた。両者の間には、いつの間にか軍事力に格差が開いていた。その象徴の一つがアヘン戦争であったろう。西欧、とくにイギリスの軍事力を財政面で支えたのが、財政革命であった。この財政革命を担ったのが、税制と国債発行であった。とくに税制においては、支払う側のブルジョアが議会を通じて政府を監視できる体制を敷いていたので、すなわち、法の支配が成立していたので安定的な財源確保が実現できた。

ところが中国においては、法の支配は成立していない。先に見た丸橋充拓『江南の発展』では、中国における「法共同体」の不在が指摘されている。「法共同体」とは、家（血縁集団）、村（地縁集団）、ギルド（職能集団）といった中間団体が、家の財産分与、土地の所有権争いなどの内輪の揉めごとを集団内でルールに従って裁く能力をもつことを指す。国家や中間団体は民衆を、原則「規制もしないが保護もしない」態度をとる（丸橋 2020）。しかし、国家は、揉めごとが訴えられれば、それを裁定する。事実、裁判史料には些末ないざこざが役所にまで持ち込まれ、国家権力の裁定を仰ぐ例が数多く報告されているという。例えば、寺田浩明『中国法制史』は次のような例を紹介している。清代で、ある未亡人が夫名義の土地を夫の弟と甥たちに貸して地代を得ていたが、今度は、その土地を買い上げてほしいと頼んだ。しかし、義弟は承諾せず、他人に売ることも禁じたと、未亡人が訴訟を起こした。訴えを受けた地方官は、事情を調べ、土地売買に関して義弟に瑕疵はないと判断したが、問題の本質はそこになく、未亡人の生活不安にある。したがって、義弟と甥たちは未亡人の暮らしがたつようにせよ、と判決を下した。こうした裁定法を寺田は、西洋の「ルールとしての法」に対して、「公論型の法」という。すなわち、事情に精通しているがゆえに、周りの多くの者が納得する裁定を出すことをいう（寺田 2018）。中国では普遍的なルールである法よりも、個別事情に対応した道徳的判断が重んじられるわけである。

こうした法意識では、権力者も民衆も同じルールに従わなければならないという「法の支配」は成り立たない。法の支配の下では、貸借・決済における不正・背任は何人であっても法的制裁を受けるということが共有されていなければならない。これは、経済取引が広範に行われる必須条件である。この条件の下で資本主義形成は加速する。ヨーロッパで産業革命が進行しているとき、中国ではこうした条件は整っていなかったのである。

二　中国の産業資本主義

いつ成立したのか？

近代において産業資本主義が成立しなかったとすれば、中国ではいつ産業資本主義が成立したと言えるのだろうか？　この問いに対しては、われわれは、先の資本主義の定義から出発して答えてみよう。われわれは、資本主義を複数の価値体系の差異から利潤を生みだす運動と定義した。そして、その差異は、産業資本主義では、実質賃金率（時間当たりの賃金）と労働生産性（時間当たりの付加価値）の差から生じる。なぜなら、労働者は労働市場のみにしか参与できないが、企業家は、労働市場に加えて、生産過程を支配しているために生産物市場にも参与できるからである。非常時を除いて、企業家は利潤を得られる価格で販売しようとする。こうした事態が、中国ではいつ生じたのかを見てみよう。

産業資本主義の成立には、生産物市場と労働市場の広い範囲での拡大が必要である。中国でのそうした試みの始まりは、一九七八年の改革開放にあるだろう。しかし、中国の市場経済移行は、農村改革から始まりはしたが、漸進的かつ部分的にしか進まなかった。生産物市場に関しては、ようやく、一九九二年の社会主義市場経済移行宣言から二年後に、鋼材（生産財）の価格自由化で一応、完成したとされる（丸川 2021）。また、労働市場に関しては、一九七〇年代末に文化大革命で農村に移住（下放）させられた若者が都市に大量に帰還したために生じた大量失業問題を解決する方策として、自営業・集団所有企業の設立が認可されたのを機に、自由な雇用契約が認められた（丸川 *ibid*）。その後、国有企業改革の中で、国有企業においても一九九六年末までに有期雇用契約に全面移行することが決定された（中屋 2020）。この時点で、一応、生産物市場と労働市場が広範囲に成立し、中国の産業資本主義が形成されたと言えるだろう。

前段階としての社会主義計画経済

ここで、中国においては、産業資本主義の前は、商業資本主義ではなく社会主義（計画経済）があったことに気づく。社会主義を前段階にもつ産業資本主義は、その経路依存性から独自の特徴をもつと考えられる。

それを考えるために、まず、中国の社会主義経済が、産業資本主義形成にどのような条件を作ったのかを簡単に見ておこう。岡本隆司『近代中国史』によれば、共産党政権が中国近代史

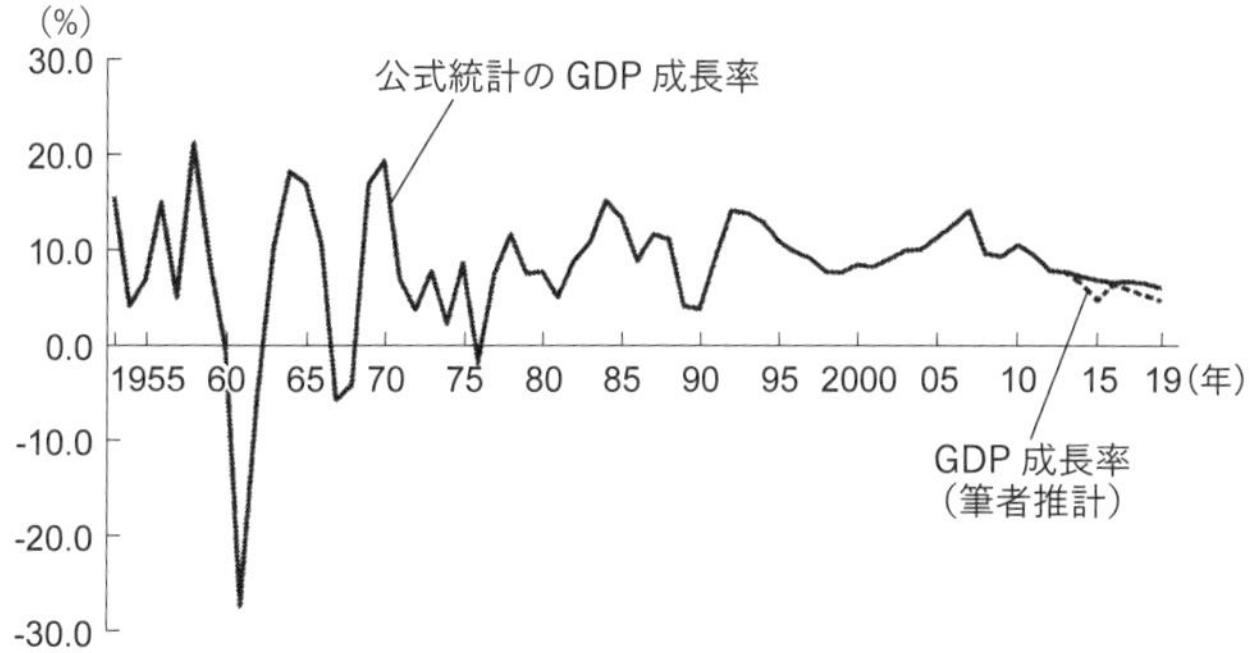

出所：丸川知雄『現代中国経済』2021 年

図 3　中華人民共和国の GDP 成長率

に果たした役割は、二つある。土地革命と管理通貨の実現である。土地革命は、地主を倒し農民に土地の再分配をもたらした。「貧しきを患えず、均しからざるを患う」を実践した。共産党は、こうして貧富の格差を縮小し、初めて在地社会に立脚した政権を樹立した。管理通貨は、世界経済との接触を概ね断つことで実現され、インフレの終息が図られた。この両者が、相まって国民経済の枠組みを形成した（岡本 2013）。この時点で国家は、以前の経済に介入しない国家から介入する国家へと変貌した。しかし、経済は安定せず、時として貧しさが再来した。

それが変わり始めたのは、改革開放以後のことである。その変化の概要を制度諸形態の変化を通して見てみよう。

大局を把握するために中国のＧＤＰの推移をみると、計画経済期は、その変動率が大きい（**図3**）。

例えば、大量の餓死者が出たとされる「大躍進」政策がとられた直後の一九六〇―六一年には、マイナス二〇%を超えている。これに対して一九七八年の改革開放以後は、変動はあるものの、概ね高度経済成長を続けてきた（丸川 2021）。計画経済期のＧＤＰの大きな変動は、経済が政治に振り回されたせいだと言われている。これに対して改革開放以後は、結果的に経済政策は安定したと考えられる。同時に、高度経済成長も実現されていった。この高成長こそ、改革開放政策が目指したものであった。

土地制度改革と経営改革

ただし、高成長への志向自体は計画経済期からあった。それは工業化を通して成し遂げられると考えられていた。西欧の産業革命がそうであったし、社会主義国の先達、ソ連もそうであった。そこで、農業部門から工業部門へと労働力の移動が政策的に行われたが、その結果、農業部門の生産は落ち込み、深刻な食糧不足を招いた。ただし、農業の長期的生産性停滞の原因自体は、主に集団農業のやり方にあった。これは、「怠惰が勤勉を駆逐する」方法で、生産性の上昇は期待できなかった。それゆえ、改革は、農業改革から始まった。

土地革命により地主から土地を取り上げ農民に再分配した政府は、計画経済を推し進めるために、次にこの土地の利用権を制限し、やがて所有権を政府に移した。集団農業は、こうした措置に基づいて組織化された。だが、集団農業では生産性の向上は果たせなかった。そこで、農業の経営権を農家に戻す措置が試験的に取られた。すなわち、土地の所有権は政府にあるが、一定の税を納める代わりに、農地の長期的使用権と譲渡権を農家に与えたのである。こうすることにより、税を納めた後の余剰分は農家の収入になり、農家は豊かな暮らしを得ることができるようになった。この仕組みがインセンティブを働かせ、生産性は向上した。こうした試みが増え、成功例が増えることにより、この方式は、最終的に法的規定により裏付けられるようになった。[*2] ここでは所有権の再定義という制度改革と経営請負制という経営改革が同時に行われている。

＊2　農村改革のこうした経緯は、周其仁（2023）に詳しい。

農業が生産性を上げれば、次は商工業の生産性を上げることが目標となる。商工業の発達は、農業とは少し異なった方式で行われた。まず、一九八六年中央文書で私営企業は社会主義の枠組みの中で扱うことができると公式に宣言し、従業員を雇うことが合法となった。これで、自己労働の成果を自分のものにすることに加えて、雇用契約を含む契約を市場において交わすことが認められ、かつ利潤が正当な所得と認定された。

ただし、商工業の改革の場合、土地は国家のものと明記され、特に農地が非農業用に転用されるときは、それまでの経営請負権はご破算にされ、国家の転用承認を必要とした（土地の所有権は国家に属するとされるが、その使用権を承認するのは、多くの場合、地方政府である）。ここに政府のレントが発生し、官僚の腐敗を誘発する。この方式は今でも続いており、地方政府が土地の使用権を売り出し、不動産開発を引き起こすやり方が継続している。これが現在では不動産バブルを引き起こしていることは周知のとおりである。

中国の産業資本主義の四つの特徴

では、こうして成立した現在の中国の産業資本主義は、どのような制度的特徴をもっているのか？　その答のいくつかは、すでに、これまで見てきた産業資本主義成立史の中に見出すことができる。

改革開放以後の変革は、まず下からの改革を部分的に承認し、「改革政策を維持」し、「長期にわたって続ける」ことを不断に繰り返しアナウンスし、機が熟したところで法整備を進め、そこで新たに確定された権利が、法律として定められる、というやり方だった（周其仁 2023）。つまり、まずは地方レベルでの政策決定者と企業家との協調体制がつくられる。これは、地方政府と企業などとの協調体制、地方コーポラティズムとよばれるものと言える（Boyer 2013）。

これが、第一の特徴である。そして、地方で始められたものが、やがて中央政府で承認を受ける。これは、厳成男の言う国家的調整に当たるだろう。これが、第二の特徴である。国家的調整は、市場的調整と制度的調整とともに経済動態の調節を行い、かつそれらより階層上上位の制度として両者に影響するものと考えられている。[*3] 下位に位置する制度的調整は、地方レベルの調整すなわち地方コーポラティズムとすぐ後にみる国有企業制度といえよう。しかし、市場的調整の内実が分からなければ、実は、国家的調整の内実もまだわからない。

＊3　厳成男（2011）。ここには制度の位階制がある、とされる。制度の位階制とは、各種の制度がマクロ経済に与える影響の強弱序列を表す。ここでは国家が最も強い影響力を与えるとされている。ただし、中国の国家は、西欧の国家とは異なることにも注意が必要。

そこで、市場的調整はいかにしてなされているのか？　これは、今までの叙述からはまだ明らかにはなっていない。市場における価格の自由化は、一九九二年の社会主義市場経済移行宣言から二年後には、鋼材の自由化で一応実現されたことを確認した。では、市場取引は、競争的なのか寡占的なのか。答えは、市場ごとに異なるであろうが、民間企業が関わる市場では、概ね競争的である。ここには、加藤等やボワイエの言う激しい競争が含まれている（Boyer *ibid*; 加藤等 2013）。例を携帯電話産業にとろう。

丸川知雄『チャイニーズ・ドリーム』によれば、中国の携帯電話産業では、当初、外資系企業が生産していたが、やがて国産会社が生産に乗り出した。国産会社はモデルの多様化に対応するため、設計を外部に委託し始めた。これがきっかけとなり、二〇〇五年頃から設計会社が起業され、携帯電話事業に次々と参入してきた。その背景には、台湾のメーカーがベースバンドICを売り出し、基盤・ソフト設計が容易になったことがあった。その後、この分野には中国本土のメーカーも加わった。新規参入者たちは、一社で完成品を作るのではなく、専業メーカー同士が分業して、最終商品を作り上げた。しかも、本来は政府から型式認定を受けなければならないにもかかわらず、無認定で携帯電話を作り出していったのである（丸川 2013）。そこでは、ルールなき激しい生存競争が展開される。だが、それだけではない。梶谷懐『中国経済講義』によれば、上記のように知的財産権や法令を全く無視する層（プレモダン層）もいれば、ファーウェイのように技術を開発しこれを囲い込む層（モダン層）もおり、さらにIoT内蔵製品の中核部品を作るメーカーのようにオープンソース・ハードウェア戦略をとり、先導的に新製品を開発・提供していく層（ポストモダン層）もいる。この三者が融合し、なし崩し的に緩いルールの市場制度を形成するところに、中国市場の特徴があるとされる（梶谷 2018）。これが、第三の特徴である。

ただ、市場競争に参加するのは、民間企業ばかりではない。国有企業も参加する。先に見たように、生産物市場では一九九二年の社会主義市場経済移行宣言から二年後に、労働市場では一九九六年末までに有期雇用契約に全面移行することが決定された。こうした市場経済の全面展開に対して、国有企業も組織改革で対応しなければならなかった。一つの方法は民営化であり、もう一つの方法は、株式会社化である。中屋信彦『中国国有企業の政治経済学』によれば、中国共産党は、一貫した方針、すなわち、国有企業と民営企業の併存方針で改革を遂行していった。その際とられたのが、いわゆる「瞰制《かんせい》高地」戦略である。瞰制高地とはもともと軍事用語であり、優位な高地を確保し、すそ野を制圧する戦略である。この瞰制高地の具体的選択としては、動力、素材、資金、ネットワーク（送電、通信、交通）の基盤産業や設備製造、自動車、電子情報の重要技術産業、そして各分野の大企業が選ばれた。その上で、基幹国有企業を株式会社等に改変し、その他の中小企業等を民間に払い下げた。株式会社化は、赤字企業を効率化するために行われるのではなく、黒字企業に資金調達するために行われる。集めた資金は設備に投資され、企業の競争力は強化された。さらに、組織改革が行われ、会計制度に貸借対照表が用いられ、労働者も有期雇用契約により雇用され、整理解雇も許容される。他方、経営幹部の報酬は、企業成績に連動される。こうして、国有企業といえども産業資本的性格をもった（中屋 2020)。こうした国有企業と民営企業との併存が、中国産業資本主義の第四の特徴である。

以上をまとめれば、地方コーポラティズム、国家的調整、ルールは緩いが激しい市場競争、国有企業と民間企業の併存の四つが、中国の産業資本主義の制度的特徴といえよう。[*4]

＊4　これは、加藤弘之（2013）の挙げる四つの特徴、すなわち、ルールなき激しい生存競争、国有経済のウェイトが高い混合経済、競争する地方政府と官僚、利益集団化する官僚・党支配層とほぼ同じである。ただし、われわれの国家的調整概念は、マクロ的経済調整を含む権力という、利益集団化する官僚・党支配層より広い内実をもつものである。

蓄積体制から見た中国資本主義

では、以上の四つの制度的特徴をもつ中国資本主義は、マクロ経済的にはいかなる特質を形成するのであろうか。われわれは、この問題を蓄積体制（経済成長のマクロ経済的パターン）という概念を用いて考察しよう。

先に携帯電話産業の例でみたように、中国市場には新産業分野に多数の企業が殺到する傾向がみられた。こうした新分野への民間企業の殺到は、国際市場向け商品にもみられる。太陽電池産業がその典型例である。上記の丸川知雄の著作によれば、この産業では、一九九四年にシャープが住宅用太陽光発電を発売してから二〇〇六年までは、日本企業が世界のトップシェアを握っていた。しかし、その後、早くも二〇一一年には日本メーカーは皆順位を大きく下げ、代わって中国メーカーが世界トップ五社のうち四社を占めるに至った。なぜこのように早くに日中メーカーの交代劇が起こったのか。丸川は、すぐ後に述べる技術的要因の他に二つの経済的要因を挙げて説明している。一つは、産業のライフサイクル論からであり、もう一つは、経営決定権の所在論からである。

太陽電池は日本では住宅用の最終需要商品であったが、中国メーカーにとっての需要先のヨーロッパでは、住宅用ではなく発電事業向け商品であり、太陽電池は発電システムの部品であった。つまり、日本メーカーにとっては成熟市場での商品であったのに対して、中国メーカーにとっては需要がこれから急拡大する新商品であった。前者での競争力の決め手は差別化戦略であるのに対して、後者の大口需要家向け商品では、大量生産によるコスト削減が大きな競争要因となる。また、新商品であれば、誰もが同じスタートラインに立てる。こうして新分野に多数の企業が殺到し、激しい競争が起こった。激しい競争が起こっているときには、迅速な意思決定が必要となる。日本の太陽電池メーカーは大企業であり、太陽電池生産は一事業部門にすぎなかった。新規投資の決定には時間を要する。これに対して中国企業は、専業メーカーであり、意思決定が迅速に行いえた。この差が、中国企業の生産量の急増をもたらし、短期間での主役交代劇を招いたのである（丸川 2013）。

もう一つ考慮に入れなければならないのは、太陽電池製造の技術問題である。太陽電池製造の主な工程は、光を当てると発電する「セル」を作る工程と、セルを並べて結合しひとまとめのフレームを作る「モジュール」工程に分かれる。前者の工程は高い技術を要するが、後者の工程は労働集約的作業が多い。この技術特性が労働力構成に影響する。つまり太陽電池生産には、高度な技術労働と多量の低技能労働の双方が要る。中国ではこの双方が揃って生産に関与している。

この労働構成上の特性と激しい競争とは、他の新規事業にも概ね共通する。中国では新規分野での激しい競争により、賃金とりわけ低技能労働の賃金は低く抑えられる。また、民間企業であれば融資が国有企業に比べて難しいので資金調達は内部留保で対応しようとするし、社会保障制度は不十分なので家計貯蓄率は高くなる。この金融面と社会保障面での特質は、貯蓄率を上げ、かつ国内消費需要を抑制する。他方、同時に最新技術も研究開発されるので、そこからは高い生産性が生まれる。このことは、中国の蓄積体制が、技術革新と十分な消費需要を両立させる内包的蓄積体制と多量の低賃金労働の投入と不足気味の消費需要からなる外延的蓄積体制の混合形態を生み出していることを示唆している。*5

＊5　この点は、Boyer（2013）を参照。

過剰生産を惹起しやすい傾向

こうした競争形態・賃労働関係・金融レジームを通して成立する中国の蓄積体制は、過剰投資・過剰資本を生み出しやすい構造をなしているといえよう。こうした傾向は現在まで続いている。太陽光パネル、リチウムイオン電池、エアコン、EV、建機、鉄鋼、パワー半導体の需給動向を分析した米ゴールドマン・サックスによれば、鉄鋼とパワー半導体を除く五業種が世界レベルでの過剰生産に陥っていた。そして、それらの分野における中国の市場占有率や生産能力はきわめて大きいことが報告されている。例えば、太陽光パネルでの中国の世界シェアは八六％であり、世界のEV需要に対する中国のEV生産能力は一・二倍、リチウムイオン電池の供給能力は中国国内需要の三・三倍、世界需要の一・五倍にも達している（日本経済新聞2024b）。こうした過剰生産は、外国市場に向かう（輸出）か、国内に向かう場合は稼働率低下や価格下落に向かう。輸出の場合は、世界規模での過剰生産を引き起こしやすく、同様の商品群を生産する国や地域と利害衝突を起こしやすい。稼働率低下や価格下落は、収益率を低下させる。ただし、将来需要を当てにする場合（投機）は、資産インフレを引き起こす。中国の不動産市場では、まさにこのことが起こった。だが、これも短期的な解決にすぎず、中長期的には資本効率を低下させる。

この過剰生産問題は、中長期的には、内包的蓄積体制がそうであったように、国内消費需要の拡大によって解決されるべきであろう。ただし、グローバルレベルの競争が激しくなってきたので、フォーディズム時代のように国内消費需要を創出することが困難になってはいる。とはいえ、中国にはＥＶ、ドローン、リチウムイオン電池、太陽光発電など高い生産性を誇る分野も多く、マクロ的再分配政策により労働分配率を上げる余地はあるだろう。しかも、社会保障制度は充実しておらず、労働問題解決をも含む社会政策を展開する社会的ニーズはあるはずだ。

なぜ過剰生産が起こりやすいのか

しかし、問題の本質は、より広範な領域にあると思える。それは、国家と経済・社会の関係、より厳密にいえば、国家的調整とそれより下位にある制度的調整・市場的調整の相互関係にある。この両者の関係が、過剰生産を歯止めの効きにくいものにしている。

国家的調整を受ける制度的調整には、地方コーポラティズムと国有企業制度がある。

地方コーポラティズムに関しては、例えば、農村改革は、個別地方の部分的試験的改革が積み上げられて行われた。いわばボトムアップの改革が行われた。しかし、国家的調整により法的に認められた後には、地方コーポラティズムは、地域間の競争を促す機構として機能している。その地域間競争の担い手は主に地方政府官僚であり、担当地域の経済成長をどれだけ導くかが、昇進競争の中心課題となってきた。勢い、経済成長至上主義に陥りやすく、過剰生産を導きやすい。ただし、中央政府が財政均衡主義をとり、不況期には財政支出抑制を優先する策をとれば、地方政府官僚は支出削減に舵を切りなおすというブレーキはあるが。しかし、梶谷懐・高口康太『ピークアウトする中国』によれば、中国政府の基本的な財政支出志向は、「中国製造2025」に象徴されるような「供給サイドの改革」つまり、長期的生産力の増大であり、このことが過剰生産の傾向をもたらしているといえる（梶谷・高口 2025）。

国有企業制度は、改革開放後、瞰制高地戦略をもとに改革が行われた。瞰制高地とは前述の通り、優位な高地を確保し、すそ野を制圧する戦略である。したがって、高地に位置する企業は、競争力強化のために設備投資に走りやすい。さらに、また、改革後、経営幹部の報酬は、企業成績に連動されるようになったので、彼らは、企業の長期的利益確保のため、過剰投資、過剰生産に走りやすい。加えて、国有企業は、共産党の「領導」を受けるものとされている。党領導の中身は、①主要幹部人事を党の人事部門が掌握、②党組織の企業内設置と党組織への便宜供与義務、③党組織の幹部の国有企業経営幹部兼任である。したがって、共産党の基本戦略が経済成長の達成である限りは、領導に従う国有企業は、過剰生産に陥りやすい（中屋2020）。

中国型の「市民社会なき資本主義」

国家的調整を受ける市場的調整の場には三種類のアクターがいる。梶谷の整理を繰り返すと、知的財産権や法令を全く無視する層（プレモダン層）、ファーウェイのように技術を開発しこれを囲い込む層（モダン層）、さらにＩｏＴ内蔵製品の中核部品を作るメーカーのようにオープンソース・ハードウェア戦略をとり、先導的に新製品を開発・提供していく層（ポストモダン層）である。この三者が、市場の特性に応じてさまざまな分業関係を取り結び、競争を行っている。その競争過程で、知的財産権や法令を軽視しがちなルールの緩い市場制度が形成されていく。

プレモダン層は、当局の規制の裏をかくように行動し、国家との緊張関係の中で生きている。モダン層は、アリババやテンセントのように、時として、法の支配が貫徹していない状況に信用仲介のプラットフォーム提供することで取引を安定化させる。ポストモダン層の活動は様々と言われているが、その一つの例としては、次のようなビジネスが挙げられる。ICボードの設計の注文を受けた企業が、既存の部品を使って設計を行うと同時に必要な部品の調達先リストを作成するサービスまで行うのである。これらの業者をデザインハウスという。[*6] このサービスを介することにより、注文主は、取引コストを大幅に削減でき、効率的な生産ができる。全体として、安価で効率的なエコシステムが出来上がる。そして、こうしたシステムを国家は黙認している。

＊6　この例は、梶谷（2018）に詳しい。

こうした国家と民間経済の相互関係を、梶谷懐は、「権威的な政府と活発な民間経済の共犯関係」とよぶ（梶谷 2018）。政府が、違法行為ないしその疑いの濃い行為を黙認するからである。俗に「上に政策あれば下に対策あり」とも言われるこうした関係は、中国の国家体制が伝統的にもつ国家（政治）と民間（経済）の二元構造を継承しているといえる。また、この「共犯関係」は、中国法制史家・寺田浩明の言う「公論としての法」（当事者の実情に即した裁定）の現代版と言えるかもしれない。そうであれば、これは、市民社会が国家を規制するという、西洋における「法の支配」の中国式代替物といえることになる。ここには、日本が経験したのとはまた違うタイプの「市民社会なき資本主義」がある。だとすると、伝統を継承しているこの規範意識を、西洋の基準を単純に当てはめて判断することには慎重でなければならない。中国産業資本主義がもたらした新状態は、意外に伝統を継承している面をもち、一筋縄ではいかぬ難しい問題を突き付けていると言える。

ただし、このことは、「法の支配」の思想が永遠に中国社会に受け入れられないということを意味するわけではない。中国の改革開放の議論を主導した制度派経済学者の一人・周其仁は、中国の将来課題について、次のように語っている。

「農村経営請負制の実施、民間企業の出現、国有企業の改革、さらに価格メカニズムに応じて資源を配分する市場経済の基盤の確立という改革は、生産性のくびきを大いに解放した。しかし、改革が未だ完了していないことも認めなければならない。最大の課題は、……行政権については法の支配によって効果的に制限される必要があるということである。これらは、より困難な改革である」（周其仁 2023）。

この課題は、引き続き持ち越される。

三　情報資本主義の追加

先には、プラットフォーム資本主義における中国政府の情報規制について検討した。それでは、中国プラットフォーム企業自体は、どのような活動を行っているのであろうか。その点を見ておこう。

中国はGDP世界第二位の経済大国であるが、一人当たりのGDPは、世界七〇位であり、物的消費が、先進社会と同じように飽和しているとは考えにくい。しかし、情報通信技術は、個人別消費需要の予測ばかりでなく、電話やメールなどの通信、送金・決済などの金融、求職などの雇用、行政手続きなど、幅広い分野に応用可能である。そこに比較的安価な通信機器（とくにモバイル通信）が導入されると、情報通信技術は、中国ばかりでなく、多くの新興国に加速度的に普及していった。そして、それらの国では、急速に導入された情報機器を使って、社会経済的課題の飛び越え型の解決が見られるようになった。例えば、固定電話の普及が緩慢な地域にも、携帯電話が爆発的な勢いで普及していき、通信量は飛躍的に増大した。ここには、産業資本主義に情報資本主義が併存・融合した事態が現出している。

中国での社会経済的課題の飛び越え型解決は、例えば、媒介型プラットフォームが未整備の信用制度を代替した金融包摂に見ることができる。ここでは、ECで見知らぬ相手から商品を買う、逆に見知らぬ相手に商品を売るには、買い手にとっては、きちんと商品配送がなされるか、商品内容は事前合意どおりか、売り手にとっては、ちゃんと代金を払ってくれるかが心配という障害があった。こうした心配事に対して、ECサイト・アリババは、買い手から代金を預かり、買い手が受け取った商品を確認したのちに、売り手に支払いを遂行するというシステムで解決を図った。中国では、国有企業の株式公開で買い手が安心して投資をするまでにはなっていたものの、見知らぬ民間人同士の取引にはまだ疑念が残っていた。先進諸国ならば、銀行口座やクレジットカードの決済で対応するのが一般的であるが、そうした状況にはまだなっていなかった。これは、見知らぬ相手同士の貸借・決済にまつわる不正（偽札などを含む）や背任を厳格に取り締まる法システムが近代には整備されなかったことの残滓といえる（岡本 2018）。その障害をクリアし、取引費用を大幅に削減したがゆえに、アリババでの取引量は膨大に増えた。また、各人の取引履歴を把握しているがゆえに、このデータを与信に活用することもできる。これにより、ECサイトが、金融システムを確立することになる。

デジタル技術により送金を行うことは、先にケニアのM-pesaの例で見たように、新興国でよくみられる現象である。しかし、中国のデジタル技術活用には、政策的に特殊な要因が働いている。それは、「輸入代替デジタル化」とよばれる現象である（伊藤 2020）。中国政府は、いわゆる「グレート・ファイアウォール」とよばれる政策によって、外国ＩＴ企業の検索システムやＳＮＳの参入を禁止した。これにより中国では、Google、Ｘ（旧ツイッター）、Facebookなどは利用できない。これに代わり、検索は百度（バイドゥ）、ＳＮＳは微信（ウィーチャット）、微博（ウェイボー）などが広く利用されている。人口大国の中国では、インターネット・サービスのネットワーク効果はきわめて大きく、これら企業は、大きな経済力を有するに至った。しかも、アリババやテンセントに見られるように、事業内容は、ＥＣサイト（Ｔモール）、金融（アリペイ）、クラウド（アリババ・クラウド）やゲーム（テンセント・ゲーム）、ＳＮＳ（ウィーチャット）、金融（ウィーチャット・ペイ）、クラウド（テンセント・クラウド）など多岐にわたっている。こうした巨大ＩＴ企業がいくつか市場を占有しているので、中国は、アメリカとともに、プラットフォーム資本主義の二類型をなすと言われている。

その中国資本主義の特徴は、先に見たとおり、ＩＴ大手（モダン層）が取引のプラットフォームを提供し、その周辺でインフォーマル・セクター（プレモダン層）やオープンソース・ハードウェア企業（ポストモダン層）が各製品に応じた取引関係を形成し、結果的にルールは緩いが競争の激しい市場制度を成立させているところにある。これが、産業資本主義に情報資本主義が融合した中国資本主義の特徴と言える。

そして、その外側に、強制力は強いが、自らの政治権力を侵さない限りでの民間の経済活動（民）の実情を許容する共産党政権（官）が存在している。

第6章

情報資本主義と新たな公共性の創出

以上みてきたように、近代市民社会の伝統を受け継ぐいわゆる先進諸国と中国では、情報資本主義の成立経緯が異なっていた。先進諸国では産業資本主義の大量生産・大量消費体制の行き詰まりを克服するものとして現れたのに対して、中国（および新興国）では形成途上の産業資本主義に情報通信技術を融合させるものとして現れた。したがって、世界全体では産業資本主義と情報資本主義が併存している。

この混合状態から発生する社会問題は、実は、各国・各地域に応じて異なってくる。われわれの歴史的経験に鑑みるに、それらの社会問題に対処するには、資本主義原理だけでは不十分であると言える。企業以外の何らかの制度が必要になるだろう。社会は、事実上、ビジネスのシステムとビジネス以外のシステムが組み合わさって維持され、発展している。そこで、ビジネスシステムと非ビジネスシステムの双方において、産業資本主義と情報資本主義が融合する社会での情報通信技術はどのように使われるのか、また、情報管理はどのように行われるのかを、以下で見てみよう。なお、情報技術の応用場面に関する情報収集の機会を考慮すると、対象は、近代市民社会の伝統を受け継ぐ民主主義諸国に限定せざるをえない。それ以外の国に関しては、民主主義諸国の事例から類似点と相違点を見つけ出し、現状と将来展望を類推するにとどめよう。

では、まず、情報の差異から生じる利潤を求めるビジネスシステムにおいて、情報管理はどのようにされるのかを検討しよう。

一　情報管理の前提条件――グローバル化とデジタル化の同時進行

ここまで、われわれは、先進諸国における産業資本主義から情報資本主義への移行を国内の経済システム内で起こる要因に沿って分析してきた。すなわち、大量生産・大量消費の体制の限界が、産業資本主義を行き詰まらせたと。これに加えて、実は、経済外的要因も産業資本主義の基盤を脆弱化しつつある。それは、人口停滞である。もちろん、人口停滞は、世界全体での傾向ではない。世界人口はむしろ増加している。しかし、先進諸国に加えて長らく一人っ子政策を行っていた中国では、人口はむしろ減少しつつある。

人口減少が現実化すれば、長期的には、労働力不足をもたらすし、国内需要不足ももたらす。労働力不足は実質賃金率を上昇させやすいし[*1]、国内需要不足は、規模の経済の働きを弱め、労働生産性上昇の鈍化をもたらす。したがって、労働生産性と実質賃金率の差により利潤を得ていた産業資本の基盤は、その差の縮小により、脆弱化する。労働力不足対策としては、新たな労働力（高齢者、女性、失業者、外国人など）の補充が求められようし、国内需要不足対策としては、国外需要の開拓（インバウンドも含めた輸出と海外直接投資）と国内新需要の創出が求められよう。後者の国内新需要の創出には、先に見たように情報化の活用が求められる。

＊1　ただし、それ以上に労働需要が減少すれば、賃金上昇は起きない。

さらに、国外からは、新興国の産業資本主義化も先進諸国の産業資本に競争圧力を加える。つまり、先進諸国の産業資本は、人口停滞（あるいは過剰生産）により市場を世界レベルに広げねばならないが、そこでは新興国の産業資本とも競争しなければならない。競争に生き残るためには、革新を推し進めなければならない。これが先進諸国の比較優位だからである。革新が情報通信技術を用いて行われれば、デジタル化が革新の推進役となる。こうして世界経済では、グローバル化（産業資本主義の世界化）とデジタル化の同時進行が現れることになる。

デジタル化を促す情報通信技術を最も有効に活用できる場がプラットフォームである。なぜなら、プラットフォームこそがデータが集約化される場であり、そのデータをアルゴリズムなどを用いて分析・加工し、有益な情報を作り出せる場だからである。その意味で、繰り返しになるが、プラットフォーム資本主義は、情報資本主義の最新段階と言える。

ただし、すべての経済取引がプラットフォームを介するわけではないし、予測がすべて的中するわけでもない。少なくとも二つの留保が必要であろう。第一に、生産財部門（特に、商品が、産業機械・医療機器とその部品のように多品種少量のもの）のデータは、プラットフォームに載りにくい。これは、営業秘密を公開したくないという心理が働くことや、生産財部門には、知的財産として認定されづらいが競争企業には知られたくないデータ（機械設計図など）を抱えているからである。第二に、商品取引には不確実性が伴うがゆえに、アルゴリズムによる予測といえども確実ではない。とくに、新商品・新サービスの考案は、独創性の高いものほど自動化しにくいし、市場に受け入れられるかも定かではない。したがって、情報資本主義の下であれ、革新の生まれる場所は様々であり、それが社会に受け入れられるかは、市場の審判によるか、あるいは、何らかの実証・実験を経て見通しが立てられるかによる。[*2]

＊2　マクアケという企業が仕掛ける「応援購入」という手法は、この両者を組み合わせたものと言える。『日本経済新聞』（2022b）を参照。

ただ、情報通信技術の重要性は、どこで使われようと、否定できない傾向にある。情報化が現在の生産性と将来の生産性の差異を形成するとなれば、情報の分析・加工とその管理が企業の命運を決める。

二　データベースの作成と管理

「情報」をいかに囲い込むか

他の商品との差異が利潤をもたらすのであれば、その差異を維持する必要がある。この方法の一つが、差異そのもの（商標、商号など）や差異を作り出す方法（特許、著作権、意匠権、営業秘密など）を法的に保護してもらうことである。これは、知的財産権の保障である。これには、立法ばかりでなく行政・司法が有効に機能していることが必要である（法の支配）。

これに加えて、差異がデジタル情報として保存されている場合は、コピーが容易であるため、アクセスを許可するために情報を暗号化しておく必要がある。

これらは、出来上がった成果を保護する方法であり、明確に認識できる。微妙なのは、先にも指摘したように、有益情報を作るプロセスをどのように囲い込むかである。有益情報を作るには、データを収集し、データベースを作り、データを分析・加工するプロセスが必要である。先には、このプロセスの中で、アルゴリズムにより秩序づけられた情報群の作成が囲い込みに有効であることをみた。つまり、ビッグデータ処理過程のブラックボックス化が、情報囲い込みの有力な手段であった。次に着目するのは、その前段階のデータベース作成法とその管理法である。

このデータベースの作成と管理の方法もまた、有益情報の作成と保管の実質的な枢要部分となる。データが無償で公開されているものなら、データベースは自由に作成できる。とはいえ、データを見つけるのは無償ではないし、データベースを作成する作業も無償ではない。手間と費用が必要だ。また、データが知的財産なら、その所有者または委託された者あるいは対価を支払った者が管理する。これが原則である。[*3] 知的財産権の管理を委託されるのは、その利用を含む取引を第三者に仲介するためと思われる。[*4] また、知的財産として認定されづらいが競合企業には知られたくないデータ（機械設計図など）の管理を委託されることもある。ここでは、第1章第四節で触れた機械製造企業と部品製造企業を仲介する日本の企業間プラットフォーム企業の例を少しく検討してみよう。

＊3　ただし、知的財産権のうち著作物の自由な利用・改変・再配布を認め、また、そこから派生した二次作品についても、これらの行為を制限してはならないとする考え方もある（copyleft）。しかし、資本主義の利潤の源泉を考察する本書では、この考え方には言及しない。

＊4　この他に、企業から特許を買い取り、無断使用している企業からパテント料を取ることを目的とした「パテントトロール」がある。しかし、ここではそれは取り扱わない。

企業間プラットフォームの実例

この企業は、二つの事業を持っている。一つは、部品製造企業がもつ図面をデータ化して、当該企業の社内データベースとして構築する事業である。機械の設計図は、原則的には、知的財産として法的保護を受けることはないが、データベース化することで社内の共有資産として活用できる。もう一つは、機械製造企業から来た注文の図面を分析し、コスト計算をして、登録企業の中から最適な企業（たいていは複数）に仲介発注する事業である。登録企業は、各々得意技術・実績などのデータを仲介企業に渡しておく。この時、図面がデータ化されていればなお良い。そうすれば、仲介企業は、最適な仲介発注をすることができる。後者の事業が企業間プラットフォームの事業である。[*5] したがって、生産財生産に関する信頼性の高いデータベースをプラットフォーマーが有していれば、新たな経済圏（エコシステム）を作ることは可能である。ただし、この場合のデータベースは、消費者無料加入のプラットフォーム（例えば、検索エンジン、SNSなど）ほど簡単に作成することはできない。なぜなら、それぞれの企業で実行可能な作業や実績などに関する細かな情報の入力が必要だからである。さらに、そのような情報を共有するには、登録企業からの信頼が必要だからでもある。それが整えば、企業データは共有される。先に紹介した中国のデザインハウスなどは、こうしたデータベースを、契約を交わすことなく自発的に形成しているものと思える。こうしたネットワークが形成されるのは、それを通じて市場が拡大し、利潤獲得の機会が増えるという見通しがあるからである。つまり、成果情報のやり取りばかりでなく、データベースの共同構築（情報の共有化）も、利潤を生む要因となる。このとき、共益がネットワークをつくり、ネットワークが共益を強化する。

＊5　GLOBIS知見録（2023）を参照。2024.07.22閲覧。

個人データをいかに管理するか

以上、データの種類が、無償のものと知的財産あるいはそれに近似するものの場合のデータベースの構築およびその管理の方法を見てきた。それが、市場を広げ、利潤をもたらす。では、データが個人データである場合は、誰がどのように管理するのであろうか。

この問題は、ビジネスシステム内だけで考察するよりも、非ビジネスシステムも視野に入れて検討した方が適切な解答を得やすい。したがって、この点に関する具体例を挙げた検討は次節に回し、ここでは、問題のアウトラインのみを述べておく。

データが個人データなら、関係者は三とおり考えられる。データが指し示す本人、データの事実上の取得者、そして第三者である。無料検索・無料SNSサイトは、アカウント作成時に、氏名・住所・電話番号・メールアドレスなどの情報を得る他に、検索履歴・投稿履歴などから嗜好・信条・交友関係などの情報を無料で得ることができる。これらの情報が加工されてターゲット広告の資料となり、商品として売買されていることは、今や周知の事実である。ここには、先に指摘した三者すべてが登場する。本人（サービス利用者）、情報取得者（IT企業）、第三者（広告主）である。こうした事態に対して「監視資本主義」といった批判がなされているのも、今やかなり知れ渡ってきた。

これに対してEUは、先に見たように、一般データ保護規則（GDPR）やデジタルサービス法（DSA）で個人情報の保護と公益の両立を実現しようとしている。日本の個人情報保護法は、一般にこれらより緩い規制が敷かれていると言われている。他方で、経済界からは過剰規制だとする批判も出ている。こうした社会原理対資本原理の対立は、資本主義の宿命とも言える。とはいえ、ここに見られるように、個人情報保護の問題は、最終的には国家の規制・裁定により決められる。その決定に関して、考慮されるべき一般原則は、個人情報処理の自己決定と公益の維持・促進の両立であろう。この原則を踏まえた上で、個別の案件に関して、何が公益であるかの地道な合意形成が必要であろう。この問題は、次節で、新たな公共性をいかに創出するかという問題設定の中で検討する。

三　公共的プラットフォームと個人情報の管理

非営利組織による情報の活用

先に見たように、社会にはビジネスシステムと非ビジネスシステムが併存している。したがって、情報管理を必要とするのは、企業ばかりではない。政府も非営利組織も、情報を管理する。世の中には利潤獲得以外の方法で解決すべき課題が数多くあり、情報管理の必要も生じる。今や、市場のみでは解決できない新たな社会問題が頻出している。例えば、ジェンダー問題は、職場・婚姻と家庭（DVや母子家庭など）・教育などの場で起こっている。教育の現場では、家庭格差、放課後教育、ITリテラシー、消費者教育あるいは教員の不適切な行為などの問題が起こる。また、高齢化は、医療・福祉や独居・孤独などの問題を誘発する。その医療では、コロナ禍でとくに顕著になったことだが、医療資源が相互連携の不備も含めて個別ニーズに十分応えられていない問題が起こっている。さらに、雇用の場では、産業構造の変化や地域発展の不均衡により、新たな不安定就労層の出現や新技能習得困難といった問題に直面している。数え上げたらきりがない。

これらの諸問題を解決することは、当事者を救うのと同時に、社会全体の安定・発展を促す。つまり、公益に資するのである。したがって、社会全体にとっては、これらの諸問題を解決することは、社会の存続にかかわる重要性を有している。その意味で、非ビジネスシステムも社会に不可欠なシステムである。[*6]

＊6　ここに言う非ビジネスシステムを、資本主義を明確に定義した岩井（2006b）は、第三の領域＝市民社会とよび、それは資本主義と国家を補完するシステムだと言う。筆者の主張もこれに近い。ただし、筆者は、市民社会という概念を主に近代市民社会という意味で用いている。

さて、上記の社会問題は、古くは貧困問題に見られるように、民間非営利組織が対処に関わってきた。宗教団体やボランティア団体による慈善活動に、それが見られる。イギリスでは、教区をまたがって移動する困窮者が出たことで、教区を越えて国家が救貧税を設定し、彼らを救済し始めた（公的扶助の始まり）。東洋では、貧者の救済は、不十分ながら、もともと国家が行っていたところもあった。後には、同職者などの共済組合や協同組合も、相互扶助活動を行った。やがてドイツに見られるように、共済組合をベースにして社会保険制度（疾病金庫）ができることもあった。このように、歴史的には国家が非営利組織の役割を継承することもあった。さらに、非営利組織の財政が不安定になりがちなので、国家の助成金が投入されることもある。

こうした歴史的前提に立って、第二次世界大戦後、フォーディズムの下でケインズ政策をベースにして福祉国家が形成された。それは、新たな公共性を体現するものとして構想された。その下で、公的扶助と社会保険は社会保障制度のもとに統合された。社会が抱える不安定要因の作用は、緩和できた。しかし、それは、一定基準に則った給付には効果を発揮するが、個別ニーズに合った支援には不向きであった。公的扶助は最低限の所得を保障する制度であったが、社会的汚名（スティグマ）が付きまとい、必ずしも十分に社会扶助機能を果たせていない。まして、貧困家庭が抱える様々な問題（母子家庭、障碍者・児の自立、子供の非行など）に十分に対処することは難しい。さらに、先ほど指摘したジェンダー、高齢化、不安定就労層、教育、医療などの新たな問題も出現している。

ここで、再び民間非営利組織の役割が注目されてきた。それらの組織は、個別ニーズに柔軟に対応しうるからである。ただし、それらの財政基盤は必ずしも安定しておらず、政府の補助金を必要とする場合もある。また、提供するサービスの質が悪かったり、ひどい場合は詐欺が行われる場合もないわけではない。そうした事態を防ぐためには、非営利組織の資格要件を法で定めたりしなければならない。このように、現在では、非営利組織と政府は、法的・財政的に何らかの関係をもっている。では、これらの非営利組織の活動はどのようなもので、そこで情報管理はどのようにされているのか。そして、国家はその情報管理をどのように法的に規制しているのかを見てみよう。それを見ることで、社会全体の安定化装置がどの程度働いているかを知ることができる。

日本の医療と情報管理

ここでは、まず、日本の医療体制を取り上げよう。医療を取り上げるのは、医療が公共財と認識されていることに加えて、前節で取り上げようとした個人情報の管理が、他よりも大きく問題とされるからである。

さて、医療に携わる職種には資格が定められている。医療では、専門家と患者間の情報の非対称性が大きく、患者側から医療従事者のサービスの質を見分けるのが難しいからである。そこで、国家が一定の資格を設け、それを充たした者のみを医療従事者と認定し、サービスの質を保障している。それから、営利を目的とする組織は、医療への参入を禁じられている。営利を優先するあまり患者の健康を損なうことを回避するためである。医療の提供は、公衆衛生・医療扶助・自由診療を除き、社会保険制度を介してなされる。社会保険制度であれば、保険料の多寡によって治療が異なることは避けられ、様々な補助（例えば、高額医療費補助など）を受けることができるからである。[*7] 医療の価格は、政府により診療報酬単価が決められ、単価に診療量（点数）を掛けて総額が決められる。[*8]

＊7　社会保険方式とは別に、イギリス・北欧諸国は税方式により医療提供がなされ、アメリカは、低所得者、高齢者・障碍者を除き自由診療により医療が提供される。

＊8　日本の医療報酬は出来高制である。ドイツでは、疾病金庫と保険医協会が交渉して診療群別に単価を決め、それに患者数を掛けて治療費が支払われる。ある種の定額制といえる。ここでは、過剰診療・過剰検査を避ける制度的工夫がなされている。

医療に関する情報は、病院・診療所、診療科、薬剤、病院経営など多岐にわたっている。その中で個人に関する情報には、患者の情報の他、医療従事者、仕入れ先業者の従業者に関する情報も含まれる。患者の治療に関するデータは、治療を担当した医療機関に保存され、個人情報保護法により厳重に保護されている。患者データを第三者に提供する場合は、原則、本人の同意を得る。ただし、学術機関による研究に利用する場合（民間事業者との共同研究を含む）は、個人の利益を不当に侵害しない限り、同意を得なくてもよい（仮名加工情報も同じ）。ここでは、情報管理のルールが法的に決められているといえる。

エストニアにおける医療情報の利用

日本のルールを相対化するために、他の国と比較してみよう。ここでは、行政サービスのデジタル化が最も進んでいる国の一つと言われるエストニアと比較してみよう。

まず、エストニアの医療制度を一瞥する。エストニアでは、ドイツの社会保険医療制度を継承しているとされる。ただし、いくつかの違いもある。ドイツでは保険機関である疾病金庫は数多くあるが、エストニアでは、人口規模が小さいこともあり（二〇二三年現在一三七万人）、健康保険基金は一つである。医療費は、この健康保険基金から各病院に支払われる。この時、ドイツの疾病金庫と保険医協会との関係に似て、七割は診療科目別に標準料金が支払われ、残りの三割は出来高制で支払われる（ただし、少額の自己負担あり）。加えて、イギリス式のかかりつけ医制度が敷かれており、かかりつけ医の紹介で病院受診ができる。かかりつけ医は、健康保険基金から、登録者数、診療実績などに応じて支払いを受ける。患者は、原則無料で受診し、薬剤費のみ一部自己負担がある。

さて、かかりつけ医から紹介されて病院で治療を受けたとき、かかりつけ医と病院医は、電子カルテを作成し、健康情報システムに送信しなければならない。こうしたことの積み重ねにより、システムには、家族歴や既往歴、過去の診断経緯と関連画像、薬剤アレルギーの有無、薬の服用歴（電子処方箋）などのデータが蓄積される。こうしたデータに医療担当者は、本人の同意なくアクセスできる（ただし、情報ごとに本人のオプトアウト〔事前の拒否〕が認められている）。治療以外に、医療サービス品質の向上、患者（データ主体）の権利の保護、公衆衛生の保護と健康記録の維持、健康統計の作成と健康管理のためにも、本人の同意なしに、個人データにアクセスできる。この他、科学研究や公式統計に個人データが必要な場合は、仮名化した個人データを利用することで、本人の同意は不要とされている。ただし、この場合、研究倫理委員会またはデータ保護監督官から利用目的の検証（科学、歴史研究・公式統計の目的であるかどうか）を受けることが義務付けられている。

日本に比べてエストニアの方がデータへの医療担当者のアクセスが容易であると思えるが、例えば、日本の歯科医には特定の個人の治療歴データを多く有しているケースも散見できる。こうした場合は、日本とエストニアの違いは、事実上は大きくないのかもしれない。また、研究目的でのアクセスの条件などは、両者は近いとも言える。したがって、各情報項目へのアクセス条件だけをみれば、大差がないようにも思える。しかし、それは、木を見て森を見ない見方である。データベースの作成方法と管理方法が大きく違う。

信頼性の高い情報管理

エストニアでは二〇〇二年より、一五歳以上の国民および一年以上の有効期間がある在住許可証を所有するすべての在留外国人を対象に、ＩＣチップ内蔵の「国民ＩＤカード」が発行されている。さまざまな個人情報はＩＤ番号とリンクして、インターネットを介して政府クラウドで集中的に管理されている。しかし、そこでは、情報分野ごとにサーバーが分割されており、警察関係者や税務署関係者など行政職等の区分によって閲覧できる範囲が厳格に制限されている。国民は、情報分野ごとに分割されたサーバー上のデータを、このシステムを通して政府のポータルサイトの画面から閲覧できる。また、電子投票、所得税の申告、公共交通サービス料金の支払い、住民登録や土地の登記など、さまざまな行政手続きを行うこともできる。健康情報システムも、そのうちの一つである。こうしたデジタルデータ・システム自体が、公共財のプラットフォームと言える。そこで保管されている個人データには、こうした体制下で法的に認められている者だけがアクセスでき、アクセス履歴はブロックチェーン（分散型台帳）により記録されている。当人は、その検索履歴を見ることにより、誰が自分のデータにアクセスしたかを確認することができる。[*9]

＊9　牟田学（2022）および真野俊樹（2016）を参照。

そのシステムの中で、エストニアの医師は、自分が診察した患者のデータを、紙媒体で自分の職場で保管していないし、デジタル・データの保管に責任を負っているわけでもない。したがって、情報は、日本の場合よりもきわめて安全かつ効率的に保管されている。また、諸個人も自分のデータがどのように管理され、誰に閲覧されたのかが分かる。こうしたデジタル環境下では、国民は個人データの管理に信頼を寄せることができる。このことが、データ保管者、データ記録者とデータを預けている者の間でのコミュニケーションをスムーズにさせるのである。この安定化効果は、きわめて大きいと思われる。先に、成功している企業間プラットフォームのデータベース構築で見たように、その管理が信頼性を持つことは、公共的プラットフォームの維持と発展にとっても重要である。

そして忘れてならないことは、このデジタル環境が時々の政府の裁量によって運用されているわけではないことである。それは、各々の分野に関する法——健康情報システムの場合であれば個人データ保護法、医療サービス組織法、健康情報システム規則など——に基づき、運用されていることである。つまり、人権は、法の支配のもとで公共性を維持しつつ保障されているのである。

今、日本では個人情報保護法をめぐって、創薬や医療ＡＩでは、健康診断やカルテ、投薬など大量のデータが不可欠だ、取得した本人の評価・決定に用いられない、安全に統制された仮名加工情報（個人を特定できる情報を削除または置換して、他の情報と照合しない限り特定の個人を識別できないように加工した個人に関する情報）の二次利用ならば、取得に同意は不要と考えるべきだ、ということが一部で言われている。[*10] 過剰な規制は、ビジネスチャンスを損なうとの議論ともいえる。確かに、革新を促すことは、ビジネスにとっても社会にとっても重要だ。しかし、こうした議論を読む限り、データへのアクセス方法だけが論じられているように思える。アクセスばかりでなく、データベースの作成および管理の方法も併せて議論する必要がある。

＊10 ただし、仮名加工情報ではなく匿名加工情報（匿名化し、個人情報を復元できないもの）なら、認定事業者にその利用が認められるようになった。

エストニアの経験から推察するに、仮名加工情報といえども保管するサーバーを特定し、情報アクセスにログインを義務付け、それをブロックチェーンで記録するという情報管理が必要だろう。日経BPの記者によると、「Googleデータエクスポート」というサービスを通じて取得した本人に関するファイル、四〇種類以上の中から一〇種類のデータファイルを専門家に渡したところ、数日で、記者の名前、住所、クレジットカードの種類、旅行先、好物、七年前の推しアイドルまで分かったという（高尾 2021）。したがって、仮名加工情報といえども、厳しいデータベースの管理が必要だろう。規制の緩いところに余りにも速い技術進歩が重なると、制御不能になることもありうる。ＳＮＳに「炎上」、中傷、偽ニュース、偽画像、偽動画が出始めていることを教訓とすべきであろう。

四　政府が促進する公共的プラットフォーム形成

ここまで、個人情報の管理に焦点をあてて、非営利組織（病院等）の活動のあり方を検討してきた。そこでのアクターは、主に医療従事者と政府であった。今度は、論点をもう少し広げ、公益に資すると考えられる活動が、政府、非営利組織および企業間の関連の中で、どのように組み合わされているのかを検討してみよう。そこでは、政府（中央および地方）が企画の大枠を定め、非営利組織と企業がそれに加わり、政府とともに実行を担うというやり方で施策が実行されるであろう。そこには、必要な情報を伝達・管理しようとするいくつかのプラットフォームが付随しているはずである。それを調べることで、公共活動と公共的プラットフォームの形成の関係を明らかにしたい。

これに関する具体的事例はあまた存在するが、公共的プラットフォーム形成を探るという観点からは、二つの事例が好例を提供してくれる。一つは、徳丸宜穂が研究したフィンランドの地域的デジタル・ヘルスケアシステム構築のケースである。[*11] 北欧では、中央政府と民間企業の他に、自治体やサードセクターといった組織の発達が特徴的であるとされる。そこでは、社会的課題の解決に自治体、非営利組織、企業の三者が共同して取り組むという事例が見られる。徳丸が調査したオウル市のデジタル・ヘルスケアシステムの構築も、その一つである。

＊11　徳丸（2020, 2023）による。ここで徳丸は、いくつかの事例を取り上げているが、本書ではオウル市の事例のみを紹介する。

地域保健サービスの構築――フィンランドの例

では、まず、フィンランドの医療制度を一瞥しておこう。フィンランドも、医療提供は、初期診断（プライマリケア）と専門治療の二段階に分かれていて、初期診断は地域の医療センター（民間クリニックも可）が、専門治療は公立病院や大学病院が担う。病院を受診できるのは、初期診断を終えてからであり、初期診断を担う医療センターの受診は混雑すると言われている。フィンランドでは、医療情報と包括的な医療政策は中央に集約され、他方、住民に対するプライマリケアと専門医療を提供する裁量は地方自治体に委ねられている。その分業にしたがって、一方で、中央政府による医療情報のデジタル化が進められた。その結果、二〇一〇年からは、Kanta（カンタ）とよばれる全国統一の健康情報管理システムが作動している。カンタでは、医療記録と処方箋記録・発行が行われている。患者の医療記録には、本人と医療担当者がアクセスできる（木村・大寺・佐々木・黒田 2020）。他方、地域ではプライマリケアおよび専門医療を具体的に遂行するシステムが必要であった。

徳丸が紹介しているオウル市のデジタル・ヘルスケアシステムは、全国共通のカンタとは異なり、地方独自の地域保健サービスの一環として構築されたものである。オウル市民のこのシステムへの登録は任意であるが、半数以上が登録している。特に高齢者の参加は顕著であるという。そこでは、通院の予約、専門家（初期診療の医療センターと思われる）とのやりとり、健康状態のセルフチェック、検査結果の検索、保健指導の受講などが行われる。また、看護師が利用者の通院が必要か否かを判断することもある。徳丸が注目したのは、このシステムを立ち上げた過程にある。ここに、フィンランドひいては北欧の特徴が表れている。

ここでは、フィンランド特有の政策アプローチが取られた。それは、イノベーションの公共調達と新技術の実証・実験に公的機関がフィードバックを与えるという方法である。イノベーションの公共調達とは、未だ商品化されていない財・サービスを政府が民間企業に募集をかけ、公的機関の職員と議論し、アイデアを出させることである。次に、そのアイデアを製品化するために、政府は複数の企業に公的施設（病院、研究機関等）を使用させ、同時に当該施設職員などと議論を重ねさせ、その後、製品化の実証・実験をさせる。これが、後者の方法である。この方法が効を奏せば、需要サイドのイノベーションが実現することとなる。

触媒組織の役割

オウル市の保健システムの場合、市がシステムのデジタル化の方法を地元のＩＴ企業に求め、企業は「市民ポータル」というコンセプトを提案した。これを受けて市と複数の地元ＩＴ企業、オウル大学などからなるチームが組まれ、彼らが三年間でシステムの開発と実験を行い、システム基盤を完成させた。このシステム基盤は、随時、新しいサービスを付加できる構造になっている。このシステム開発がきっかけとなり、地元にヘルスケア産業が発展した。とはいえ、それには乗り越えなければならない課題もあった。多くのヘルスケア製品・サービスは複数の企業の連携が必要であり、彼らを連携させる必要があった。また、病院デジタル化プロジェクトに批判的だった医療職を説得し、市や企業と協議をさせることも必要であった。これを主導したのが、市の保健システム部門と新設された福祉システム開発部門であった。さらに、市の産業振興部門との調整も彼らによってなされた。彼らは、ステークホルダー（利害関係者）間の調整を果たした。これを徳丸は、触媒組織とよぶ。なぜなら、彼らはステークホルダー間を単に仲介しただけではなく、相互の関係を活性化させたからである。

この触媒組織の働き如何で、システム構築の成否が決まると言ってもよい。触媒組織にはその組織に適合した触媒人材が要る。彼らは、金銭的インセンティブでも指令でもないモティベーションで働く専門的コーディネーターである。コーディネーターとしては、意見対立が起こりうる利害関係者それぞれの関心事をよく理解している必要がある。触媒人材のキャリアを調べた徳丸の調査では、民間企業、政府系組織、非営利組織での勤務を複数経験している者が多数派であった。この点からも、触媒人材として有用なキャリアを積んでいることが分かる。地方政府が新しいデジタル・システムを作るという「企業家的」な振る舞いをできるには、力量のある触媒人材がいることが必要である。こうして出来上がった地方政府、民間企業、非営利組織の協力する体制は、地方コーポラティズムとよんでいいだろう。こうした体制が、地方レベルの公共的プラットフォームを形成したのである。

地方レベルのデジタル保健システムには、全国的な健康情報システム（カンタ）にはない役割が期待できる。カンタでは、利用できるのは患者の医療記録・処方箋記録だけであったが、地方デジタル保健システムでは、すでに行われている通院予約、医療専門家とのやりとり、保健指導の受講などの患者の直接的利便性に資するサービスばかりでなく、病院連携、救急医療体制、予防医療体制など医療資源の相互利用活用にも応用できると期待できる。そうなれば、エストニアにも未だない、個別的医療ニーズにより細かく対応できる、公共的プラットフォームができるだろう。フィンランドの地域振興策から導き出される暫定的小括は、以上である。

モビリティ政策と環境政策――フランスの例

政府、非営利組織および企業が参加する公共活動の中から公共的プラットフォームが形成される二つめの例として、フランスのモビリティ基本法（Loi d'orientation des mobilités、ＬＯＭ法）を取り上げよう。フランスのモビリティ基本法は、二〇一九年一二月二六日に可決された法律で、フランス全土の交通・移動（モビリティ）政策を定めるための枠組みを提供するものである。フランス政府のウェブサイトによれば、この法律の概要は、以下のとおりである。[*12]

この法は、モビリティ政策と環境政策を統合しながら、モビリティの一般的な枠組みを根本的に改革するものである。その目的は、以下の四つである。①車依存からの脱却、②新しいモ

＊12　Vie publique : https://www.vie-publique.fr/loi/20809-loi-du-24-decembre-2019-dorientation-des-mobilites-lom

ビリティの成長の加速、③クリーンな環境への移行、④新たな交通インフラ投資計画。それぞれ、具体的には以下のような政策が行われる。

車依存からの脱却に関しては、カーシェアリング、相乗り、オンデマンド輸送などのサービスを組織する新たな権限を地方自治体に付与し、モビリティの空白地帯をなくす。地域の実情に詳しい地方自治体の権限を強化し、きめ細かい政策の実施を図る。この観点から、求職者、見習い実習生、障碍者とその補助者への移動保障も図られる。

新しいモビリティの成長の加速政策の中心は、地方交通局が、公共交通機関やオンデマンド交通の静的データ（停留所、時刻表、料金など）とリアルタイムデータ（混雑、満空状況など）の提供を受け、これに道路状況、駐車場ネットワークの情報などを加え、行政主導のMaaS[*13]を実現することにある。この他、この政策の項目には、相乗り、自転車、電動スクーターなどの利用の枠組みを設けることもある。

＊13　MaaSとは、Mobility as a Serviceの略語で統合的移動サービスをいう。この言葉はフィンランドで生まれた（牧村 2021）。

クリーンな環境への移行に関しては、二〇四〇年までに化石燃料自動車（ガソリンまたはディーゼル）の販売禁止、二〇二四年までに自転車利用者を三倍に増やすこと、自転車道の整備や盗難防止装置の装着のための自転車基金の創設、ＥＶ導入の促進、二〇二二年までに公共充電ステーションを五倍に増やすこと、自転車通勤や相乗り通勤者への交通手当分の企業への補助、低排出ゾーン設置権限の自治体への付与などが規定された。

新たな交通インフラ投資計画については、国は、二〇二二年までに交通インフラへの投資を一三四億ユーロ、二〇二三年から二〇二七年までに一四三億ユーロを計画している。投資の中身は、これまで大型プロジェクト、特にＴＧＶ（フランス高速鉄道）に集中しすぎて日常のニーズが損なわれていたことに鑑み、大規模プロジェクトではなく、日常の交通機関の改善に向けられている。既存の道路、鉄道（特に、主要都市高速鉄道網ＲＥＲ）、河川網の維持と近代化、大規模な鉄道乗り換え地点の飽和状態の解消、中規模の町や農村地域の道路開放などである。

移動サービス・データの集約の効果

以上が、モビリティ基本法の概要であるが、実際はどのような変化がもたらされたのであろうか。この点に関しては、牧村和彦がパリとラロシェル都市圏の実態を報告しているので、それに依拠しながら補足説明をしていこう（牧村 2022, 2024）。

首都パリでは、市内主要道路の速度は時速三〇キロメートルに制限され、[*14] 短距離の移動には自転車や電動キックスケーターなどのマイクロモビリティが増加している。また、学校前の道路は僅か二年間で一六八カ所もの区間が歩行者専用空間となった。これは、都市圏ごとに、既存の公共交通機関だけではなく、地域に適した新しい移動サービスや駐車場の計画や運営などを加えた将来のモビリティ戦略の策定が義務付けられたことによる。これらは、車依存からの脱却とクリーンな環境への移行を目的としている。

＊14　時速三〇キロメートルは交通事故死の起こりにくい速度だと実証されている。ちなみに、人と車が衝突した場合、時速三〇キロメートルでは致死率一〇%だが、時速五〇キロメートルでは八〇%になる。

モビリティ基本法は、フランス全土において、路線バスやトラム（路面電車）などの既存の公共交通機関、新規移動事業者、およびカーシェアリングや自転車シェアリング、「相乗り」やEV充電施設など様々な移動に関するデータを行政機関に提出するよう求めている。集約されるデータには、シェアリングサービスのデポ（貸出拠点）の位置や、車両の状態（台数、満空情報、充電状況他）に加えて、利用の実態や決済データなども含まれる。政府は、これら移動サービス・データを一元的に集約した官民データ・プラットフォームを構築しようとしている。これこそが、新しいモビリティ・MaaSの成長加速政策に他ならない。

また、パリの街中を走る多くの路線バスは、電気駆動のバスまたはハイブリッド車に刷新されており、二〇二二年時点で、路上だけでも二五〇〇カ所以上の充電施設があるという。これらは、クリーンな環境への移行が新たな交通インフラ投資計画のもとに進められていると言えよう。

こうした交通政策は、首都パリばかりでなく、サンテティエンヌ（人口一七万）、ナント（人口三〇万）、ストラスブール（人口二八万）、ルーアン（人口一一万）などの地方都市にも広がっている。これは、地域の交通網整備の権限を地方自治体に付与した結果である。事実、牧村が視察したラロシェル都市圏（人口七万、都市圏人口一七万）では、交通新インフラ投資計画が進行中であった。例えば、二三〇キロメートルにもおよぶ自転車レーンが整備されている。また、バス路線網の一部は、バス専用道によるバス高速輸送システム（ＢＲＴ）区間となっている。バス停付近には集合住宅が位置し、計画的な街づくりがされていることが窺われる。ラロシェルは、高速鉄道ＴＧＶの駅があり、在来鉄道、路線バス、福祉バス、船、カーシェアリング、自転車シェアリングなどの移動サービスが揃っている。市では、これらの移動サービスをひとまとめにした地図を作成し、市民や旅行者に示している。これは、MaaS の前段階といえる。

この他、相乗りアプリを用いて運転手が誰かを同乗させると、二ユーロの報酬が行政から運転手に支払われる仕組みが導入されている。ただし、運転手の報酬には一カ月当たり最大一二〇ユーロ（約一万七〇〇〇円）の上限が設けられている。これらは、クリーンな環境への移行の政策と位置づけされよう。

人とモノの統合型移動サービス

さらに、このおよそ一年半後、牧村は再びパリに視察に訪れ、興味深い事例を紹介している。パリには、地下にはメトロが、地上にはバスが縦横無尽に走っている。そのバスを運営しているのが、パリ交通公団（RATP）である。現在、パリ交通公団は、着々とバスの脱炭素化を進めている。これに伴い、急速充電装置もバス停留所に設置されている。この背景には、欧州の中心市街地でディーゼル車の走行を禁止する動きが急拡大しているという事実がある。このことは、物流車両にも影響を与える。ディーゼル・トラックは、だんだん市街地に入れなくなってきたのだ。そこで、トラックに代わって市内で荷物を運び始めたのが、カーゴバイクであった。カーゴバイクとは、バイク（自転車）とカーゴ（貨物）を組み合わせた新語である。電動アシスト付きで、積載量二〇〇―三〇〇キログラムほど運べる。そこで、市内までトラックで運んできた荷物をカーゴバイクに積み替える必要が出てきた。その拠点を確保することが、ビジネス上の商機となる。パリ交通公団がその拠点を提供した。

パリ交通公団は、五〇〇〇台の路線バス車両をすべて脱炭素化した。ＥＶバスは充電装置が必要だ。そこで、バスセンターを改造・再編した。一五のセンターのうち、七をバイオメタン対応にし、残りを充電対応のセンターとした。そのうちの一つが、ラグニーバスセンターである。そこには充電施設を付け、収容台数も一〇〇台から一八〇台に増やした。センター内に整備工場も新設した。センター上層部には、オフィス、学校、幼稚園、社宅（運転手用）などを配置し、新たな複合施設とした。ここでは、バスは日中外に出て不在だ。そこで、その時間、バスセンターをトラックからカーゴバイクへの荷物積み替え用の配送拠点にした。こうして、毎日、昼にはバスセンターからカーゴバイクが出発する光景が見られるようになった。パリ市内のバスセンターだけで四カ所がこのような運用をしており、それぞれのバスセンターからは、おおむねカーゴバイクで二〇分の配送圏域をカバーしているという。これは、人流（バス）物流（トラック・カーゴバイク）一体型の MaaS である。人の移動とモノの移動を交差させるきわめてユニークな統合型移動サービスといえる。これを支援している政策は、新しいモビリティの成長の加速、クリーンな環境への移行、そして新たな交通インフラ投資計画を体現していると言えるだろう。

中央集権と地方分権の組み合わせ

フランスのモビリティ基本法の実施に関しては、どのような組織がどのように分業・協業を進めているのか、まだ不明なところも多い。企業サイドでは、輸送機製造、情報機器製造、ソフトウェア開発、道路工事、電気工事等々、多種多様な企業が参加しているが、非営利組織サイドでは、今のところ諸種の公共交通機関と学校ぐらいが参加しているだけにみえる。その点は、今後、さらに明らかにされていくことを期待したい。それでも政策全体の効果としては、大いに公共的役割を果たしているようにみえる。

また、これは、国家が革新を主導するミッション・エコノミーの一種ともとれる。[*15] 先に見たフィンランドの地域デジタル保健システムとは異なり、フランスでは、国家が中央集権的に政策を決める経済モデルを実施しているようにも見える。確かにフィンランドとは違う政策決定方式ではあるが、具体的な政策実施の権限は、大幅に地方自治体に委ねられているのも事実である。投資プロジェクトも、大型プロジェクトではなく、日常生活関連のものに限定されている。中央政府が主導するのは、移動サービス関連のデータを一元化し、データベースを作ることに限られているように見える。だとすれば、中央集権と地方分権の何らかの組み合わせがなされているのであり、フィンランドの全国統一の健康情報管理システム（カンタ）とオウル市の地域デジタル保健システムの関係に類似しているともいえる。そして、移動データを集約した公共的プラットフォームは、情報管理が適切になされていけば、地域の交通システム整備と共同して新しい公共性を実現できる大きな手段として機能するだろう。

＊15　ミッション・エコノミーとは、国家がイノベーションを主導する経済のこと。この議論については、Mazzucato, M (2021) を参照。

フィンランドの事例とフランスの事例は、地方分権寄りと中央集権寄りと、性格を異にしているが、両者とも中央集権と地方分権が相互に補完しているようにみえる。いずれにしても、これらの公共活動は、社会の安定と発展に不可欠であり、ビジネスの単なるおまけではない。と同時に、それは、時としてビジネスと協働もする。公共的プラットフォームは、その中で重要な役割を果たすことになるだろう。

結び

情報通信技術の急速な普及による生活の急激な変化の背景には、プラットフォーム資本主義が形成されていた。そして、それは二類型に分かれる。二類型を分ける直接の基準は、情報管理への国家の介入の強弱である。一見、政策の違いが反映されているだけに見えるが、そうではなかった。国家の介入に対する人々の受け止め方が違った。この違いは、意外に根深い。根深い理由は、歴史形成の違いに由来するように思える。「世界史からみた」という題をつけたのは、かつて飯塚浩二が強調した東洋史と西洋史の対比が、現前の事実の解明に糸口を与えてくれるように思えたからである。そこで、西欧型資本主義と中国資本主義の歴史的対比にまで遡ってみた。

西欧型資本主義形成史を考察するにあたっては、資本主義の類型差を用いた。商業資本主義、産業資本主義、情報資本主義である。しかし、類型差の根底には共通性がある。それは、岩井克人が提唱したように、「差異が利潤を生み出す」という資本主義の原理である。その差異は、抽象的に表現すれば、地理的差異（商業資本主義）、社会構造的差異（産業資本主義）、革新に基づく差異（情報資本主義）である。ただし、諸類型は、厳密には時期区分に応じて出現するわけではない。

今や三者が混在している状態だと言える。中国にはとくにその混在ぶりが、産業資本主義と情報資本主義の融合という形で見受けられた。そこが、西洋的世界と東洋的世界を分ける一つのメルクマールである。もう一つは、「法の支配」思想の有無である。これは、中国史家の岡本隆司から学んだものだ。通常は西洋史家から語られることが、逆に東洋史家から語られるところにこの解釈の新しさがある。大きくは、この二つ（資本主義形成史の違いと「法の支配」の有無）が東洋と西洋を分かつメルクマールになろう。この点を押さえた上で、プラットフォーム資本主義の二類型を見直してみた。

まず、資本主義的企業においては、情報＝差異の占有が必要不可欠である。他方、公共活動を担う政府・非営利組織においては、情報の共有が不可欠である。ただし、政府に関しては、権力の判断次第で共有が占有に転じる可能性がある。この二点は、大枠では二類型に共通してはいるが、政府の行動は、「法の支配」思想の強弱で異なりうる。

一方、プラットフォーム・ビジネスでは情報の占有が進む。しかし、その裏ではさまざまな情報の関連付けが進行している。そうして、初めて利潤取得が実現する。このことは、期せずして占有とは反対の共有に近づきうる契機が潜んでいると言える。事実、生産財の企業間プラットフォームの中には、一定条件のもとでの情報の共有が見られた。また、公共領域の公共的プラットフォームでは、政治権力の占有の可能性をはらみながらも、情報の共有が進められようとしている。この公共領域の活動は、社会に安定と発展をもたらすものとして重要な役割を担っている。けっして、ビジネスのおまけではない。と同時に、時としてビジネスと協働もする。

現実世界では、今後、情報通信技術の普及とともに、ビジネス・プラットフォームと中央集権的な公共的プラットフォーム、地方分権的な公共的プラットフォームの三者の併存が進むと思える。この三者のつながり方が、それぞれの社会の歩む方向を規定する。そして、その三者間の調整は、最終的にはルールにもとづく規制によりなされることになる。そのルールの形成方法は、「法の支配」概念の社会への浸透度により決められるであろう。米中のプラットフォーム資本主義の二類型の行く末もそこにかかっているように思える。

ここまで本書で論じてきたことは、事例研究でも特定現象の計量的検証でもない。いわば、いくつかの概念を設定して、それを手掛かりに現実を読み解こうとした軌跡であると言えよう。そこに、本書のいかばかりかの特徴と限界がある。その上で最後に、もう少し遠い将来展望を書き留めておきたい。

山田（2022）は、Boyer（2002, 2020）に依拠しつつ、戦後経済史を念頭に置きながら、比喩的に、フォーディズム（モノによるモノの生産）、金融主導型レジーム（カネによるカネの生産）、人間形成型レジーム（ヒトによるヒトの生産）という移行の可能性を展望している。これは単なる空想ではない。ただ、そこに至るには、おそらく、三種類のプラットフォームに対する法の支配と民主主義による調整が必要であろう。

あとがき

本書は、書き始めてから後、しばらく中断して、その後再開して完成した。

およそ三年前に学会報告のために、本書の第1章から第3章までの元となった文を執筆したときには、専門論文として書いた。しかしその後、そのままにしておいた。それからおよそ二年半たったのち、あることがきっかけとなり、プラットフォーム資本主義について自分なりの考えを整理しておきたいと思い、後半部分を書き加えた。後半部分では論述対象が随分と広がり、かなりの分量になった。それを友人の何人かに読んでもらった。その中で、山田鋭夫氏は、バラバラな論文として発表するよりも一冊の本として出版した方がよいとアドバイスをしてくれ、さらに出版の仲介の労もとってくれた。それを、出版事情厳しい中にもかかわらず、藤原書店社長の藤原良雄氏が引き受けてくれた。本書が日の目を見たのは、両氏のおかげである。両氏には改めて感謝の意を表したい。

出版が決まってからは、編集担当の刈屋琢氏が、読みやすい形になるように有益な助言を次々としてくれた。本書が一般読者にも読みやすい形になっているとしたら、それはひとえに刈屋氏のおかげである。厚く感謝の意を表したい。最後に、本書に限らず、これまでの論文や翻訳のたびに図表を作成してくれた妻・信子の協力にも改めて感謝したい。

本書がプラットフォーム資本主義論への一つの入門書として読まれるとすれば、望外の幸せである。

二〇二五年三月

平野泰朗

展開」八木紀一郎他編『欧州統合と社会経済イノベーション』日本経済評論社
——（2020）「イノベーション——ミッション指向型イノベーションとコーディネーション」宇仁宏幸他編『制度でわかる世界の経済——制度調整の政治経済学』ナカニシヤ出版
——（2022）「『北欧モデル』と新産業・イノベーション創出——フィンランドにおけるヘルスケア・デジタル化の事例」『北ヨーロッパ研究』第18巻
——（2023）「ナショナル・イノベーションシステムの先駆者から『イノベーション公共空間』のプラットフォームへ？」2022年度進化経済学会大会報告書
内田義彦（1961）『経済学史講義』未來社
梅棹忠夫（2002）『文明の生態史観』中公クラシックス
八木紀一郎・宇仁宏幸（2003）『図解雑学　資本主義のしくみ』ナツメ社
山岡浩巳（2020）『金融の未来——ポスト・フィンテックと「金融5.0」』金融財政事情研究会
山田鋭夫（2011）「世界金融危機の構図と歴史的位相」宇仁宏幸他編『金融危機のレギュラシオン理論　日本経済の課題』昭和堂
——（2022）『ウェルビーイングの経済』藤原書店
山本泰三（2021）「価値づけと利潤のレント化」『経済地理学年報』第67巻
Vie publique: https://www.vie-publique.fr/loi/20809-loi-du-24-decembre-2019-dorientation-des-mobilites-lom
Zuboff, Shoshana（2019）*The age of surveillance capitalism: The fight for a human future at the new frontier of power,* London: Profile Books（野中香方子訳『監視資本主義』東洋経済新報社，2021年）

――（2022c）7月28日「中国で進むデジタル監視網　コロナ禍乗じ巧妙な行動制限」
――（2022d）12月6日「SHEIN，若者を吸引　中国発ファッション通販が急伸」
――（2024a）6月25日「激安EC「Temu」米国の利用者1年で5倍に　非中国装う」
――（2024b）10月24日「中国，太陽光など5業種で『過剰生産』世界需要を超過」
大塚久雄（1969）『大塚久雄著作集第6巻　国民経済』岩波書店
大野耐一（1978）『トヨタ生産方式』ダイヤモンド社
岡本隆司（2013）『近代中国史』ちくま新書
――（2017）『清朝の興亡と中華のゆくえ』講談社
――（2018）『世界史序説――アジア史から一望する』ちくま新書
――（2020）『「中国」の形成』岩波新書
――（2023）『物語　江南の歴史』中公新書
Parker Geoffrey G., Marshall W. Van Alstyne and Sangeet Paul Choudary（2016）*Platform Revolution*, New York: W. W. Norton（妹尾堅一郎監訳，渡辺典子訳『プラットフォーム・レボリューション――未知の巨大なライバルとの競争に勝つために』ダイヤモンド社，2018年）
Polanyi, Karl（1957）*The Great Transformation*, Boston: Beacon Press（吉沢英成・野口建彦・長尾史郎・杉村芳美訳『大転換』東洋経済新報社，1975年）
斎藤浩史（2020）『GAFAの決算書』かんき出版
佐々木隆治（2024）「マルクスから見た現代資本主義の未来」経済学史学会『経済学史研究』65-2
周其仁（2023）、梶谷懐監訳、劉春發訳『現実世界と対話する経済学』白桃書房
Srnicek, Nick（2016）*Platform Capitalism,* Cambridge, UK: Polity（大橋完太郎・居村匠訳『プラットフォーム資本主義』人文書院，2022年）
Stone Brad（2013）*The everything store: Jeff Bezos and the age of Amazon*, New York: Little, Brown and Company（井口耕二訳『ジェフ・ベゾス　果てしなき野望』日経BP，2014年）
高尾泰朗（2021）「『推しアイドル』も『引っ越し先』も，グーグルは全てお見通し」『日経ビジネス』11月30日
寺田浩明（2018）『中国法制史』東京大学出版会
徳丸宜穂（2017）「EU・フィンランドにおけるイノベーション政策の新

capitalism, London: Allen Lane（関美和・鈴木絵里子訳『ミッション・エコノミー』ニューズピックス，2021 年）
Mielants, Eric（2007）*The origins of capitalism and the Rise of the West"*, Philadelphia: Temple University Press（山下範久訳『資本主義の起源と「西洋の勃興」』藤原書店，2011 年）
水嶋一憲・ケイン樹里安・妹尾麻美・山本泰三（2023）『プラットフォーム資本主義を解読する』ナカニシヤ出版
宮沢健一（1988）『業際化と情報化』有斐閣
Moazed Alex and Johnson Nicholas L（2016）*Modern Monopolies: What it takes to dominate the 21st-century economy*, New York: Applico, LLC（藤原朝子訳『プラットフォーム革命』英治出版，2018 年）
Murgia, Madhumita（2021）India deploys facial recognition surveilling millions of commuters, *Financial Times*, 27 August（「インド国鉄駅に顔認証カメラ，強まる国民監視」『日本経済新聞』8 月 27 日）
牟田学（2022）「エストニアにおける個人情報保護と公的データの利用」jeeadis.jp
中屋信彦（2020）『中国国有企業の政治経済学』名古屋大学出版会
根来龍之（2017）『プラットフォームの教科書』日経 BP 社
『日経産業新聞』（2021）12 月 10 日「『クリエーター守るルール作りを』支援団体の代表が語る」
——（2022a）4 月 5 日「町工場のデジタル化，スタートアップが支える」
——（2022b）4 月 30 日「マクアケ，製品化の『死の谷』越える　相次ぎ大手企業と」
『日経ビジネス』（2022）5 月 30 日「デジタル課税とは？　その仕組みや世界経済への影響を考える」
『日本経済新聞』（2021a）1 月 5 日「コロナ対策アプリ，犯罪捜査に利用も　シンガポール政府」
——（2021b）8 月 20 日「中国，海外へデータ持ち出し制限　個人情報保護法が成立」
——（2021c）10 月 19 日「Netflix の「イカゲーム」 全世界で最高視聴数の理由」
——（2022a）6 月 17 日「デジタル市場法・サービス法とは　EU，米巨大 IT を規制」
——（2022b）6 月 26 日「マクアケ新サービスが好評　発売前商品を先行仕入れ」

――（1964）『東洋への視角と西洋への視角』岩波書店
――（1971）『ヨーロッパ・対・非ヨーロッパ』岩波書店
伊藤亜聖（2020）『デジタル化する新興国』中公新書
岩井克人（1997）『資本主義を語る』ちくま学芸文庫
――（2006a）『21世紀の資本主義論』ちくま学芸文庫
――（2006b）『資本主義から市民主義へ』新書館
梶谷懐（2018）『中国経済講義』中公新書
梶谷懐・高口康太（2019）『幸福な監視国家・中国』NHK出版新書
梶谷懐・高口康太（2025）『ピークアウトする中国』文藝春秋
加藤弘之・渡邊真理子・大橋英夫（2013）『21世紀の中国　経済篇――国家資本主義の光と影』朝日新聞出版
川北稔（2016）『世界システム論講義――ヨーロッパと近代世界』ちくま学芸文庫
カンブリア宮殿（2022a）4月21日「全国170万店が参加！　新時代のネットワークショップ作成サービス」テレビ東京
――（2022b）6月2日「早い！　安い！　簡単！「ラクスル」急拡大の秘密」テレビ東京
木村映善・大寺祥佑・佐々木香織・黒田知宏（2020）「フィンランドにおける医療分野レジスタとデータ提供の状況」『日本統計学会誌』第50巻第1号
公正取引委員会（2022）『ソフトウェア業の下請取引等に関する実態調査報告書』https://www.jftc.go.jp/houdou/pressrelease/2022/jun/220629_sw_03.pdf
小林昇（1976）『小林昇経済学史著作集Ⅲ　イギリス重商主義研究（1）』未來社
真野俊樹（2016）「北欧（エストニア，デンマーク）の医療ICTの現状と日本の医療ICTの今後」共済総合研究 Vol.73
牧村和彦（2021）『MaaSが都市を変える』学芸出版社
――（2022）「世界初『MaaS基本法』から3年　フランス現地調査報告」『日本経済新聞』12月3日
――（2024）「パリでモビリティー革命　バスの車庫，学校や庭園と合体」『日本経済新聞』8月21日
丸川知雄（2013）『チャイニーズ・ドリーム』ちくま新書
――（2021）『新版　現代中国経済』有斐閣アルマ
丸橋充拓（2020）『江南の発展――南宋まで』岩波新書
Mazzucato, Mariana（2021）*Mission economy: A moonshot guide to changing*

pdf/gdpr-preface-ja.pdf
——（2016b）REGULATION (EU) 2016/679 OF THE EUROPEAN PARLIAMENT AND OF THE COUNCIL of 27 April 2016 on the protection of natural persons with regard to the processing of personal data and on the free movement of such data, and repealing Directive 95/46/EC (General Data Protection Regulation)，条 文　https://www.ppc.go.jp/files/pdf/gdpr-provisions-ja.pdf
——（2020a）Proposal for a REGULATION OF THE EUROPEAN PARLIAMENT AND OF THE COUNCIL on contestable and fair markets in the digital sector (Digital Markets Act) https://eur-lex.europa.eu/legal-content/EN/TXT/PDF/?uri=CELEX:52020PC0842&from=en
——（2020b）Proposal for a REGULATION OF THE EUROPEAN PARLIAMENT AND OF THE COUNCIL on a Single Market For Digital Services (Digital Services Act) and amending Directive 2000/31/EC https://eur-lex.europa.eu/legal-content/EN/TXT/PDF/?uri=CELEX:52020PC0825&from=en
Foroohar, Rana（2019）*Don't be evil: How big tech betrayed its founding principles—and all of us*, New York: Currency（長谷川圭訳『邪悪に堕ちたGAFA』日経BP，2020年）
——（2021）Big Tech is playing a financial shell game, *Financial Times*, 12 December（「テック大手, 広く収益開示を　個人情報の価値反映」『日本経済新聞』12月24日）
藤田実（2021）「ネット段階の資本主義経済と社会変革への展望」『季刊経済理論』58-2，桜井書店
厳成男（2011）『中国の経済発展と制度変化』京都大学学術出版会
GLOBIS知見録（2023）「キャディに学ぶ——Nextユニコーンの米国戦略」https://www.youtube.com/watch?v=yTixV4YBT_M
業界動向search.com（https://gyokai-search.com/3-ec.html）2022年7月24日閲覧
Hicks, John（1969）*A Theory of Economic History*, Oxford: Clarendon Press（新保博訳『経済史の理論』日本経済新聞社，1970年）
平野泰朗・山田鋭夫（2022）「プラットフォーム資本主義と人間形成型モデル」『Bulletin』第34号，日仏経済学会
IoTビジネス研究会（2020）『60分でわかるIoTビジネス最前線』技術評論社
飯塚浩二（1963）『東洋史と西洋史とのあいだ』岩波書店

参考文献

Boyer, Robert（2002）*La croissance, début de siècle: De l'octet au gène*, Paris: Editions Albin Michel（井上泰夫監訳『ニュー・エコノミーの研究』藤原書店，2007 年）

——（2013）*The Chinese Mode of Development and the Transformation of the International System after the 2008 Crisis,* mimeo（藤田菜々子訳「中国経済の発展様式と国際システムの転換」植村博恭他編『転換期のアジア資本主義』藤原書店，2014 年）

——（2015）*Economie politique des capitalismes*, Paris: Editions La Découverte（山田鋭夫監訳，原田裕治訳『資本主義の政治経済学』藤原書店，2019 年）

——（2020）*Les capitalismes à l'épreuve de la pandémie,* Paris: Editions La Découverte（山田鋭夫・平野泰朗訳『パンデミックは資本主義をどう変えるか』藤原書店，2021 年）

Braudel, Fernand（1979）*Civilisation matérielle, Economie et Capitalisme, XVe-XVIIIe siècle,* Paris: Librairie Armand Colin（村上光彦・山本淳一訳『物質文明・経済・資本主義　15-18 世紀』みすず書房，1985，1986，1995 年）

——（1985）*La dynamique du capitalisme*, Paris: Les Editions Arthaud（金塚貞文訳『歴史入門』2009 年，中公文庫）

Brewer, John（1989）*The sinews of power: War, money, and English state, 1688-1783*, London: Unwin Hyman（大久保桂子訳『財政＝軍事国家の衝撃』名古屋大学出版会，2003 年）

CB インサイツ（2021）「沸騰クリエーターエコノミー　稼ぎ方デジタルで多彩に」『日本経済新聞』2021 年 7 月 12 日

Cusumano Michael *et al.*（2018）*The Business of Platforms: Strategy of age of digital competition, innovation, and power*, New York: Harper Business（青島矢一監訳『プラットフォームビジネス』有斐閣，2020 年）

EU（2016a）REGULATION (EU) 2016/679 OF THE EUROPEAN PARLIAMENT AND OF THE COUNCIL of 27 April 2016 on the protection of natural persons with regard to the processing of personal data and on the free movement of such data, and repealing Directive 95/46/EC (General Data Protection Regulation)，前文　https://www.ppc.go.jp/files/

著者紹介

平野泰朗（ひらの・やすろう）

1948年生。1978年名古屋大学大学院経済学研究科博士課程修了。1978〜80年、フランス社会科学高等研究院に留学。経済学博士。福岡県立大学名誉教授。専攻は、労働経済学・社会政策。
著書に『日本的制度と経済成長』（藤原書店、1996年）他。訳書にパスカル・プチ『低成長下のサービス経済』（1991年）、エマニュエル・トッド『経済幻想』（1999年）、『パンデミックは資本主義をどう変えるか——健康・経済・自由』（共訳、2021年、いずれも藤原書店）他。

世界史《せかいし》からみたプラットフォーム資本主義《しほんしゅぎ》

2025年4月30日　初版第1刷発行©

著　者　平　野　泰　朗
発行者　藤　原　良　雄
発行所　株式会社　藤　原　書　店

〒162-0041　東京都新宿区早稲田鶴巻町523
電　話　03（5272）0301
FAX　03（5272）0450
振　替　00160-4-17013
info@fujiwara-shoten.co.jp

印刷・製本　中央精版印刷

落丁本・乱丁本はお取替えいたします
定価はカバーに表示してあります

Printed in Japan
ISBN978-4-86578-456-5